Migration und Integration in Deutschland nach 1945

**Zeitgeschichte
im Gespräch
Band 28**

Herausgegeben vom
Institut für Zeitgeschichte

Redaktion:
Bernhard Gotto, Michael Schwartz und
Sebastian Voigt

Migration und Integration in Deutschland nach 1945

Herausgegeben von
Raphaela Etzold, Martin Löhnig und
Thomas Schlemmer

DE GRUYTER
OLDENBOURG

ISBN 978-3-11-056558-4
e-ISBN (PDF) 978-3-11-056831-8
e-ISBN (EPUB) 978-3-11-056564-5
ISSN 2190-2054

Library of Congress Control Number: 2019931676

Bibliografische Information der Deutschen Nationalbibliothek
Die Deutsche Nationalbibliothek verzeichnet diese Publikation in der Deutschen
Nationalbibliografie; detaillierte bibliografische Daten sind im Internet über
http://dnb.dnb.de abrufbar.

© 2019 Walter de Gruyter GmbH, Berlin/Boston
Titelbild: Bundesarchiv, Bild 183-S75527 – Allgemeiner Nachrichtendienst –
Zentralbild, Fotograf Heinscher; Boote mit Flüchtlingen im Oderbruch
Einbandgestaltung: hauser lacour
Satz: Dr. Rainer Ostermann, München
Druck und Bindung: CPI books GmbH, Leck

Inhalt

Raphaela Etzold, Martin Löhnig und Thomas Schlemmer
Einleitung 7

Susanne Greiter
Flucht und Vertreibung im Familiengedächtnis
Die Erinnerung an Vergangenheit, Gegenwart und Zukunft...... 15

Raphaela Etzold
Von „Streunern" und Vertriebenen: die heimatlose Jugend
Unbegleitete Minderjährige in Bayern nach 1945.............. 26

Gerrit Manssen
Notfalls kommt die Polizei
Sicherheitsrecht und Eigentumsschutz bei der Sicherstellung
der Wohnungsversorgung für Flüchtlinge und Vertriebene nach
1945 37

Simon Naczinsky
Integration durch Leistungen nach dem
Lastenausgleichsgesetz? 45

Helge Heidemeyer
Flucht und Zuwanderung aus der Sowjetischen Besatzungszone
und der DDR in die Bundesrepublik 58

Christian Helmrich
Deutschland wird zum Einwanderungsland
Gedanken zur Zuwanderung türkischer „Gastarbeiterinnen"
und „Gastarbeiter" aus rechtlicher Perspektive............... 68

Sakine Yildiz
Deutschland ist (k)ein Einwanderungsland
Die Rückkehrförderungspolitik der Bundesrepublik
1973 bis 1984 79

Ger Duijzings
Der Bürgerkrieg in Jugoslawien als Fluchtursache
Impressionen eines Sozialanthropologen 90

Robert Uerpmann-Wittzack
Territoriales Asyl, *Non-Refoulement* und das souveräne Recht
zur Grenzkontrolle 99

Agnes Bresselau von Bressensdorf
Diskurse gesellschaftlicher Selbstvergewisserung am Ende des
Kalten Kriegs
Die Debatte um den Asylkompromiss 1992/93 113

Fabian Michl
Wohnortzuweisung an Spätaussiedler
Integrationsförderung durch Beschränkung der Freizügigkeit? ... 127

Abkürzungen 137

Autorinnen und Autoren 140

Raphaela Etzold, Martin Löhnig und Thomas Schlemmer
Einleitung

„Die Bundesrepublik Deutschland ist kein Einwanderungsland."[1] Diesem apodiktischen Satz folgte die (west-)deutsche Ausländer- und Flüchtlingspolitik bis in die letzten Jahre des vergangenen Jahrhunderts. Wer möchte, kann von einer Art Lebenslüge der Republik sprechen, deren politische Konsequenzen bis in unsere Gegenwart spürbar sind; nicht umsonst hat die Bundesrepublik bis heute kein richtiges Einwanderungsgesetz. Auch die Wissenschaft war von Fehlperzeptionen nicht frei, und es ist kein Wunder, dass die historische Forschung sich des Themenfelds Migration und Integration vergleichsweise spät und fragmentarisch angenommen hat. In manchen bekannten Überblicksdarstellungen sucht man Ausführungen dazu sogar mehr oder weniger vergeblich.[2] Dabei wird man mit dem Satz nicht fehl gehen, dass die deutsche Geschichte seit dem Zweiten Weltkrieg ohne die Geschichte der Migration eigentlich nicht geschrieben werden kann.[3]

Wer auch nur flüchtig hinsieht, wird fünf Migrationswellen ausmachen können, die jeweils für bestimmte Phasen der (west-)deutschen Geschichte charakteristisch sind: Flucht, Vertreibung und Repatriierung als Folge von Hitlers Krieg zwischen 1944 und 1949, die Flucht aus der DDR in die Bundesrepublik bis zum Bau der Berliner Mauer im August 1961, die Arbeitsmigration aus dem Mittelmeerraum im Zeichen der „Gastarbeit" bis zum Anwerbestopp nach dem Öl(preis)schock von 1973, die vielgestaltigen Wanderungsbewegungen nach dem Zusammenbruch des sowjetischen Imperiums in den 1990er Jahren, der es Deutschstämmigen aus Osteuropa und der ehemaligen UdSSR ermöglichte, in die Bundesrepublik überzusiedeln und zugleich Kriege an

---

[1] Stenografischer Bericht über die Sitzung des Deutschen Bundestags am 30.1.1991, S. 84 (Helmut Kohl, CDU).
[2] Vgl. etwa Rudolf Morsey, Die Bundesrepublik Deutschland. Entstehung und Entwicklung bis 1969, München ⁴2000; im Sachregister sucht man Begriffe wie Ausländer, Einwanderung, „Gastarbeiter" oder Migration vergeblich, thematisiert werden – erwartbar – lediglich die Flüchtlinge und Heimatvertriebenen als Teil der deutschen Geschichte. Ein zusammenfassender Überblick und ein Aufriss des Forschungsstands finden sich bei Jochen Oltmer, Migration vom 19. bis zum 21. Jahrhundert, Berlin ³2016.
[3] So der Tenor von Jan Motte/Rainer Ohliger/Anne von Oswald (Hrsg.), 50 Jahre Bundesrepublik – 50 Jahre Einwanderung. Nachkriegsgeschichte als Migrationsgeschichte, Frankfurt a. M. 1999.

der Peripherie Europas provozierte – mit der Folge von Flucht und Vertreibung. Schließlich wurde die Bundesrepublik mehr und mehr mit den Folgen des „Weltflüchtlingsproblems" konfrontiert;[4] dabei gingen Armutsmigration und Flucht vor Verfolgung oder Kriegsgewalt Hand in Hand.

Die insbesondere durch den Bürgerkrieg in Syrien ausgelöste „Flüchtlingskrise"[5] des Jahrs 2015 traf die Bundesrepublik dennoch vergleichsweise unvorbereitet, wähnte sich die deutsche Politik doch in der Mitte Europas gut geschützt durch einen Ring sicherer Drittstaaten und durch die Bestimmungen des Dublin-Abkommens. Zumindest die Asylsuchenden unter den Migranten erreichten die Bundesrepublik nur noch unter großen Schwierigkeiten, so dass die seit Mitte der 1990er Jahre reduzierte administrative und materielle Infrastruktur im Sommer 2015 rasch überlastet war. Seither steht das Themenfeld Migration und Integration ganz oben auf der Tagesordnung der deutschen Politik, wobei Innen- und Außenpolitik durch die forcierte Abschottung der Europäischen Union sowie durch Initiativen der Bekämpfung von Fluchtursachen in den Heimatländern der Migranten zu verschmelzen beginnen.[6] Seither ist auch das Bewusstsein dafür gewachsen, dass Zuwanderung in der deutschen Geschichte kein neues Phänomen ist, dass es lange übersehene Verbindungslinien zwischen den verschiedenen Migrationswellen seit den 1940er Jahren gibt und dass das bürokratisch-juristische Migrationsregime tiefe historische Wurzeln hat.[7]

Die quantitative Dimension dieser Migrationswellen ist bemerkenswert: Etwa 12 Millionen Flüchtlinge und Vertriebene aus den östlichen Provinzen des Deutschen Reichs sowie aus den deutschen Siedlungsgebieten in Ostmittel- und Südosteuropa mussten nach 1945 eine neue Heimat im massiv zerstörten, verkleinerten und geteilten

---

[4] So schon früh Peter J. Opitz, Das Weltflüchtlingsproblem. Ursachen und Folgen, München 1988.
[5] Stefan Luft, Die Flüchtlingskrise. Ursachen, Konflikte, Folgen, München 2016.
[6] Vgl. Jochen Oltmer, Migration. Geschichte und Zukunft der Gegenwart, Darmstadt 2017, S. 233–238.
[7] Vgl. dazu die einschlägigen Beiträge in: Jochen Oltmer (Hrsg.), Migration steuern und verwalten. Deutschland vom späten 19. Jahrhundert bis zur Gegenwart, Göttingen 2003, sowie Dieter Gosewinkel, Einbürgern und Ausschließen. Die Nationalisierung der Staatsangehörigkeit vom Deutschen Bund bis zur Bundesrepublik Deutschland, Göttingen ²2003.

Nachkriegsdeutschland finden.[8] Überdies befanden sich noch ein Jahr nach Kriegsende zwischen 6,5 und sieben Millionen *Displaced Persons*, also ehemalige ausländische Zwangsarbeiter, KZ-Häftlinge und Überlebende des Holocaust in Deutschland, die freiwillig nach Hause zurückkehren wollten, vor der Zwangsrepatriierung standen oder auf ein neues Leben in Palästina oder in Übersee hofften. Die damit verbundenen Probleme sind offensichtlich. Dass die Verteilungskämpfe unter den Bedingungen allgegenwärtigen Mangels nicht eskalierten, lag vor allem an der harten Hand der alliierten Militärregierungen. In Westdeutschland trugen die Folgen der Zwangsmigration jedoch viel zur lange vergessenen „Gründungskrise" der Bundesrepublik bei, die den neuen Staat vor allem zwischen 1949 und 1953 mit einer spezifischen Mischung von „Kriegs- und Diktaturfolgen, Mängel in der sozialen Sicherung" und politischen Richtungskämpfen vor große Herausforderungen stellte.[9]

Dass diese Krise vergleichsweise rasch und nachhaltig überwunden werden konnte, hat viel mit dem sogenannten Wirtschaftswunder zu tun. „Der frühe und ziemlich lange anhaltende Erfolg", so stellte Peter Graf Kielmannsegg zu recht fest, hatte „für das westliche Nachkriegsdeutschland eine überragende, eine prägende Bedeutung" und machte „die Politik" erst wirklich „handlungsfähig"[10]. Mit dem „Wirtschaftswunder" wuchs aber nicht nur der sozialpolitische Verteilungsspielraum, sondern auch der Bedarf an Arbeitskräften, und zwar so stark, dass es keiner besonderen Anstrengungen bedurfte, 3,6 Millionen Menschen zu integrieren, die zwischen 1950 und 1961 der DDR den Rücken kehrten und ihr Glück in der Bundesrepublik suchten. Und obwohl allein 1955 253.000 Flüchtlinge aus der DDR gezählt wurden, reichte dieser Zustrom nicht aus, um den Hunger der Wirtschaftswunderökonomie nach Arbeitskräften zu stillen. Daher schloss die Bun-

---

[8] Die hier und im Folgenden zitierten Zahlen finden sich in Ralf Rytlewski/Manfred Opp de Hipt, Die Bundesrepublik Deutschland in Zahlen 1945/49–1980. Ein sozialgeschichtliches Arbeitsbuch, München 1987, S. 21–34 und 47, sowie in Wolfgang Benz/Michael F. Scholz, Deutschland unter alliierter Besatzung 1945–1949, Stuttgart [10]2009 (Gebhardt. Handbuch der deutschen Geschichte, 22), S. 96 f.
[9] Hans Günter Hockerts, Integration der Gesellschaft: Gründungskrise und Sozialpolitik in der frühen Bundesrepublik (1986), in: ders., Der deutsche Sozialstaat. Entfaltung und Gefährdung seit 1945, Bonn 2012, S. 23–42, hier S. 23.
[10] Peter Graf Kielmannsegg, Nach der Katastrophe. Eine Geschichte des geteilten Deutschland, Berlin 2000, S. 432.

desrepublik just in diesem Jahr mit Italien das erste Abkommen zur Anwerbung von „Gastarbeitern" ab;[11] Verträge mit Spanien, Griechenland, der Türkei, Marokko, Portugal, Tunesien und Jugoslawien folgten. Die Arbeitsmigration aus dem Mittelmeerraum gewann ihre ganze Bedeutung allerdings erst nach 1961, als die Regierung in Ost-Berlin mit dem Bau der Berliner Mauer die innerdeutsche Grenze fast vollständig abriegelte und die westdeutsche Wirtschaft von einem willkommenen Arbeitskräftereservoir abschnitt. Lebten 1961 noch 686.000 Ausländer in der Bundesrepublik, so wuchs deren Zahl bis 1971 auf 3,44 Millionen und bis 1981 auf 4,63 Millionen, darunter 1,55 Millionen Türken, 637.000 Jugoslawen und 625.000 Italiener.[12] Der Anwerbestopp nach dem Ende des Booms im Zuge der ersten Öl(preis)krise 1973 konnte diese Entwicklung nicht wirklich bremsen, zumal viele „Gastarbeiter" jetzt vor der Wahl standen, die Bundesrepublik für immer zu verlassen oder ihre Familien nachzuholen und sich dauerhaft hier niederzulassen.

Schon in den 1970er Jahren begannen Debatten um die Zukunft von Migration und Integration – Debatten, die vor dem Hintergrund krisenhafter Konjunkturzyklen, leerer Staatskassen und steigernder Arbeitslosenzahlen geführt wurden. Dass die Bundesrepublik kein Einwanderungsland sei, war dabei eine bis weit in die Sozialdemokratie hinein konsensfähige Überzeugung – in den 1980er Jahren herausgefordert vor allem von den Grünen und den alternativen sozialen Milieus, die diese neue Partei trugen. Doch erst nach dem Ende der deutschen Teilung und dem Zerfall des sowjetischen Imperiums änderte sich das Migrationsregime der „neuen" Bundesrepublik nachhaltig. Zunächst hatte man es mit einer gespaltenen Migrationspolitik zu tun: Einer vor allem von der christlich-liberalen Bundesregierung geförder-

---

[11] Diese Form des westdeutschen Migrationsregimes hat bislang die größte Aufmerksamkeit gefunden; vgl. etwa Jochen Oltmer/Axel Kreienbrink/Carlos Sanz Díaz (Hrsg.), Das „Gastarbeiter"-System. Arbeitsmigration und ihre Folgen in der Bundesrepublik Deutschland und Westeuropa, München 2012.
[12] Zum Kontext vgl. ausführlich Ulrich Herbert, Geschichte der Ausländerpolitik in Deutschland. Saisonarbeiter, Zwangsarbeiter, Gastarbeiter, Flüchtlinge, München 2001. Gut untersucht ist insbesondere die Geschichte der italienischen und der türkischen Arbeitsmigration; vgl. etwa Yvonne Rieker, „Ein Stück Heimat findet man ja immer." Die italienische Einwanderung in die Bundesrepublik, Essen 2003, und Karin Hunn, „Nächstes Jahr kehren wir zurück..." Die Geschichte der türkischen „Gastarbeiter" in der Bundesrepublik, Göttingen 2005.

ten Zuwanderung von mehr als zwei Millionen Spätaussiedlern aus den Ländern des ehemaligen Ostblocks stand die Abschottung gegen Armutsmigration und die Begrenzung der Aufnahme von (Bürger-) Kriegsflüchtlingen gegenüber, die 1993 im sogenannten Asylkompromiss ihren sichtbarsten Ausdruck fand. Spätestens mit dem Amtsantritt der rot-grünen Bundesregierung unter Bundeskanzler Schröder und Außenminister Fischer im Herbst 1998 verschoben sich die Gewichte; Diversität galt eher als Ressource denn als Problem, Zuwanderung unabhängig von ethnischen Wurzeln als Möglichkeit, strukturellen Problemen einer alternden Gesellschaft zu begegnen, zu denen eine niedrige Geburtenrate ebenso gehört wie der Mangel an Fachkräften. Humanitäre Prinzipien standen dabei nicht selten in komplexer Wechselwirkung zu Nützlichkeitserwägungen, wie auch die aktuellen Konflikte um den richtigen Umgang mit Flüchtlingen, Schutzsuchenden und Asylbewerbern zeigen.

In dieser langen Perspektive erscheint die Geschichte der Migration in Deutschland seit dem Ende des Zweiten Weltkriegs aber nicht nur als „Nachgeschichte vergangener, sondern auch" als „Vorgeschichte gegenwärtiger Problemkonstellationen"[13]. Das heißt nicht, dass die Geschichte eine „Lehrmeisterin" sei, um es mit dem Historiker Christopher Clark zu sagen. „Sie gibt uns keine pauschalen Handlungsanweisungen. [...]. Die Geschichte bietet uns bloß geheimnisvolle, rätselhafte Erzählungen. Aber weise kann man schon werden durch das Studium der Geschichte. Allein durch den Versuch, zu verstehen und zu erklären, vertieft man das Bewusstsein für heutige Probleme. Überdies ist man dann denjenigen, die heute so leichtfertig und propagandistisch mit geschichtlichen Begriffen herumhantieren, nicht schutzlos ausgeliefert."[14]

Der vorliegende Sammelband, der aus einer vom Lehrstuhl für bürgerliches Recht, deutsche und europäische Rechtsgeschichte an der Universität Regensburg und vom Institut für Zeitgeschichte München – Berlin im Wintersemester 2016/17 organisierten Ringvorlesung hervorgegangen ist, deckt selbstredend nicht alle Facetten des weiten Themenfelds „Migration und Integration in Deutschland nach 1945"

---

[13] Hans Günter Hockerts, Einführung, in: ders. (Hrsg.), Koordinaten deutscher Geschichte in der Epoche des Ost-West-Konflikts, München 2004, S. VII–XV, hier S. VIII.
[14] Peer Teuwsen, Für Historiker Christopher Clark ist „Geschichte wie das Orakel von Delphi", in: Neue Zürcher Zeitung, 30.9.2016.

ab. So sucht man etwa lohnende Themen wie die Geschichte der sogenannten Vertragsarbeiter in der ehemaligen DDR ebenso vergeblich[15] wie einen Beitrag zur Auswanderung aus Deutschland; schließlich ist die Bundesrepublik nicht nur Einwanderungsland geworden, sondern auch Auswanderungsland geblieben.[16] Auch stehen zumeist nicht die Migranten selbst im Mittelpunkt der Aufsätze, oder besser: Sie erscheinen mehr als Objekt denn als Subjekt, eher als Adressaten staatlichen Handelns denn als eigenständige Akteure. Zwei Beiträge bilden hier gleichwohl eine Ausnahme: *Ger Duijzings* einfühlsame Beschreibung der Entwicklungen in einem kroatisch-katholischen Dorf im Kosovo, das Anfang der 1990er Jahre in den Strudel des Kriegs im ehemaligen Jugoslawien geriet, und *Susanne Greiters* methodisch anspruchsvoller Versuch, Flucht und Vertreibung aus den „Ostgebieten" als einen durch die Familienerinnerung zusammengehaltenen, transgenerationellen Prozess zu begreifen.

Zusammen mit *Susanne Greiter* beleuchten *Raphaela Etzold* und *Gerrit Manssen* verschiedene Aspekte der kriegsbedingten Zwangsmigration zwischen 1944 und 1950, wobei sie mit den unbegleiteten Minderjährigen und der Wohnraumproblematik zwei Themen in den Mittelpunkt ihrer Beiträge stellen, die auch gegenwärtig im Zusammenhang mit Flucht und Integration viel diskutiert werden. In diesen Kontext gehört auch der Aufsatz von *Simon Naczinsky* über das Lastenausgleichsgesetz von 1952, nach dem bis 1995 Millionen von Anträgen gestellt und finanzielle Leistungen in einer Höhe von 141 Milliarden DM gewährt wurden.[17] Es kann trotz allen immer wieder geäußerten Unmuts keinen Zweifel daran geben, dass die Sozialpolitik insbesondere in den ersten beiden Nachkriegsdekaden befriedend und integrierend gewirkt hat – und damit steht auch die Frage im Raum, wie Sozialpolitik heute aussehen müsste, um Not zu lindern, soziale Spaltungen zu verhindern und divergierende Interessen zwischen Einheimischen und Zuwanderern auszugleichen.

---

[15] Ein Überblick über die Zuwanderung in der DDR findet sich bei Kim Christian Priemel (Hrsg.), Transit/Transfer. Politik und Praxis der Einwanderung in die DDR 1945–1990, Berlin 2011.
[16] Vgl. Jan Philipp Sternberg, Auswanderungsland Bundesrepublik. Denkmuster und Debatten in Politik und Medien 1945–2010, Paderborn 2012.
[17] Vgl. Eckart Conze, Die Suche nach Sicherheit. Eine Geschichte der Bundesrepublik Deutschland von 1949 bis in die Gegenwart, München 2009, S. 174.

Helge Heidemeyer und *Fabian Michl* beschäftigen sich ebenfalls mit der Zuwanderung von Menschen, die entweder deutsche Staatsangehörige waren oder die sich dem deutschen Kulturkreis zurechnen ließen; sie haben dabei mit den „Sowjetzonenflüchtlingen" und den Spätaussiedlern aber verschiedene Personenkreise, verschiedene Zeiträume und unterschiedliche Rahmenbedingungen im Blick. Letztere verweisen vor allem auf den Einfluss der Systemkonkurrenz im Kalten Krieg sowie auf die Bedeutung von sozialpolitischen Verteilungsspielräumen für administrative Entscheidungen und die gesellschaftliche Akzeptanz von Zuwanderung. Nicht zuletzt vor diesem Hintergrund kritisiert *Fabian Michl* die aus seiner Sicht ahistorische Interpretation von Art. 11 des Grundgesetzes (GG) durch das Bundesverfassungsgericht in der Auseinandersetzung um die Wohnortzuweisung an Spätaussiedler.

Primär mit der größten Gruppe der Arbeitsmigranten, die insbesondere seit den 1960er Jahren ins Land kamen – zumeist junge Männer und Frauen aus der Türkei –, befassen sich *Christian Helmrich* und *Sakine Yildiz*. Während *Christian Helmrich* die faktische Entwicklung der Bundesrepublik zum Einwanderungsland anhand bestimmter Rechtsnormen nachzeichnet, beschreibt *Sakine Yildiz* die mehr oder weniger erfolgreichen Bemühungen der Bundesregierung in den 1980er Jahren, „Gastarbeiter" und ihre Familien durch finanzielle Anreize dazu zu bewegen, die Bundesrepublik zu verlassen und in ihre Heimat zurückzukehren. Wiederum wird zweierlei deutlich: der enge Zusammenhang zwischen Politik und Recht sowie der unmittelbare Gegenwartsbezug dieser historischen Themen. Ebenso verhält es sich mit den Aufsätzen von *Robert Uerpmann-Wittzack* und *Agnes Bresselau von Bressensdorf*, die mit dem Asylrecht eine zentrale Achse thematisieren, um die sich die Zuwanderungsdebatte seit längerem dreht. *Robert Uerpmann-Wittzack* skizziert die völkerrechtlichen Bestimmungen und Gepflogenheiten, die der nationalen Souveränität Grenzen setzen und damit auch den politischen Handlungsspielraum der der Bundesrepublik beschneiden. *Agnes Bresselau von Bressensdorf* zeigt dagegen am Beispiel der 1992/93 geführten Debatte um eine Einschränkung des im Grundgesetz verbrieften Rechts auf Asyl, wie groß der öffentliche Druck auf Bundesregierung, Bundestag und Parteien wurde, als die Asylbewerberzahlen Anfang der 1990er Jahre stark anstiegen, und wie reflexhaft die Auseinandersetzung vielfach geführt wurde. Auch hier sind Analogien zur aktuellen Lage mit Händen zu greifen.

Die Herausgeberin und ihre Mitherausgeber danken allen Autorinnen und Autoren für ihre Beiträge und für die nicht immer erfreulichen Mühen, die das Redaktionsgeschäft mit sich bringt. Sie danken weiter allen Kolleginnen und Kollegen, die sich in München und Regensburg um einen Band verdient gemacht haben, der zeigt, wie fruchtbar das Zusammenwirken von Klio und Justitia sein kann – auch wenn beide wie hier bei ihren Leisten bleiben und den Prämissen der eigenen Disziplin folgen.

Susanne Greiter
Flucht und Vertreibung im Familiengedächtnis
Die Erinnerung an Vergangenheit, Gegenwart und Zukunft

1. Erinnerung in Bewegung

Migration und Integration sind zwei der zur Zeit wohl häufigsten Schlagworte. Derzeit befinden sich weltweit über 60 Millionen Menschen aus unterschiedlichsten Gründen auf der Flucht. Das Fluchtgepäck der Migranten und die Ängste der Aufnahmegesellschaften scheinen sich im Laufe der vergangenen 150 Jahre kaum verändert zu haben. Schon im deutschen Kaiserreich fürchtete sich die heimische Bevölkerung vor allein reisenden, jungen männlichen Einwanderern aus Osteuropa.[1] 1945 war das kaum anders, denn fremd waren sie, die am Ende des Zweiten Weltkriegs Ankommenden aus Osteuropa: Sudetendeutsche aus Böhmen und Mähren, Schlesier, Pommern und Ostpreußen, Baltendeutsche und Donauschwaben, Schwarzmeerdeutsche. Nicht wenige waren zunächst von der Hoffnung auf Rückkehr beseelt, um dann zu bleiben. Doch die alte Heimat vergaßen die wenigsten, auch die Erfahrungen, die sie auf der Flucht gemacht hatten, blieben prägend.

Und damit sind wir schon beim Thema: In diesem Aufsatz geht es um das Familiengedächtnis von Flucht und Vertreibung, wobei einige theoretische Anmerkungen zu Gedächtnis, Erinnerung und Generation als Wegweiser durch ein vermintes Gelände dienen sollen, auf das sich die Historiografie begibt, wenn sie sich mit Erinnerungserzählungen beschäftigt, die einer scheinbar „objektiven" Geschichtsschreibung zumindest auf den ersten Blick widersprechen. Dann möchte ich Ausschnitte aus zwei Familieninterviews präsentieren und analysieren, um Muster familialer Erinnerung transparent zu machen. Die Debatte in Politik und Gesellschaft, ob Emotionen die Menschen nicht mehr in ihren Bann ziehen als kühle Fakten, verleiht der Frage nach der Rolle des Zeitzeugen in der Geschichtswissenschaft mehr Aktualität denn

---

[1] Vgl. Rolf Wörsdörfer, Vom „Westfälischen Slowenen" zum „Gastarbeiter". Slowenische Deutschland-Migrationen im 19. und 20. Jahrhundert, Paderborn 2017, S. 114.

je. Die Figur des Zeitzeugen, der als Träger von Primärerfahrungen die Vergangenheit facettenreich in die Gegenwart holt, fasziniert Experten ebenso wie Laien.

Die überwiegend als gelungen angesehene Integration der Vertriebenen in die (west-)deutsche Gesellschaft galt seit den 1960er Jahren immer wieder als Indikator für das Ende der Nachkriegszeit. Entsprechend verblasste die Erinnerung an Flucht und Vertreibung, bis in den 1990er Jahren die deutschen Opfer des Kriegs ins Zentrum der Aufmerksamkeit rückten. Diese „verstärkte Thematisierung mündete in einen regelrechten audiovisuellen Erinnerungsboom der 2000er Jahre"[2]. Das wachsende Interesse an der Geschichte, das sich in ganz Europa zeigte, hatte auch mit der Befürchtung zu tun, das Verschwinden der Zeitzeugen könne zu „leeren Räumen"[3] der Zeitgeschichte führen. Die Erinnerung an Flucht und Vertreibung, die im Mittelpunkt dieses Beitrags steht, geht sukzessive vom drei bis vier Generationen umfassenden kommunikativen ins kulturelle Gedächtnis über, das sich vor allem auf institutioneller Ebene manifestiert. Erinnerungen werden hier zeremonialisiert vergegenwärtigt.[4] Die heuristische Scheidung zwischen kommunikativem und kulturellem Gedächtnis soll jedoch nicht den Blick darauf verstellen, dass beide Erinnerungsmuster vielfach miteinander verwoben sind.

Der „Befreiung der Zeitgeschichte vom Zeitzeugen"[5] wird andererseits aber auch eine objektivierende Wirkung zugeschrieben. Es bieten sich Chancen für neue Diskurse – sachlicher und ent-emotionalisierter. Jahrzehnte vor dem Einzug des Zeitzeugen in die Medienlandschaft beschrieb Reinhart Koselleck das vielschichtige Verhältnis von Gegenwart, Vergangenheit und Zukunft so:

„Was wirklich geschieht, ist immer schon überholt, und was davon berichtet wird, trifft nie mehr das, was ‚eigentlich' geschehen ist. [...] Jede rückläufige Deutung zehrt von einem Geschehen in seinem Vergangensein, das im jewei-

---

[2] Maren Röger, Film und Fernsehen in der Bundesrepublik, in: Stefan Scholz/Maren Röger/Bill Niven (Hrsg.), Die Erinnerung an Flucht und Vertreibung. Ein Handbuch der Medien und Praktiken, Paderborn 2015, S. 126–139, hier S. 127.
[3] Hans Rothfels, Zeitgeschichte als Aufgabe, in: VfZ 1 (1953), S. 1–8, hier S. 8.
[4] Vgl. Aleida Assmann, Geschichte im Gedächtnis. Von der individuellen Erfahrung zur öffentlichen Inszenierung, München 2007, sowie Astrid Erll, Kollektives Gedächtnis und Erinnerungskulturen. Eine Einführung, Stuttgart 2005.
[5] Dorothee Wierling, Zeitgeschichte ohne Zeitzeugen. Vom kommunikativen Gedächtnis zum kulturellen Gedächtnis – drei Geschichten und zwölf Thesen, in: BIOS 21 (2008), S. 28–36, hier S. 36.

ligen Heute neu zur Sprache gebracht wird. Eine Geschichte geht also in den vielschichtig gebrochenen Zeitverlauf ein, in dem sie bewusst oder unbewusst tradiert, immer wieder neu artikuliert wird."[6]

Koselleck beschrieb zugespitzt, was im Erinnerungsprozess passiert: Erinnerung setzt immer an einem bestimmten Zeitpunkt der Gegenwart ein, beschreibt einen „kreativen und konstruktiven" Akt.[7] Erlebtes und Erinnertes sind daher nicht deckungsgleich. Die zentrale These von Maurice Halbwachs besagt, dass allein die mit uns lebenden Menschen unsere Erinnerung generieren.[8] Daraus folgt, dass die Analyse von Erinnerungserzählungen niemals auf historische oder erlebte Wahrheiten abzielen kann. In den neuronalen Wissenschaften wird betont, dass beim Vorgang des Erinnerns die Emotionen und der Verstand ein nahezu undurchschaubares Spiel spielen. Der Gedächtnisspezialist Hans J. Markowitsch differenzierte zwischen dem autobiografischen und dem Wissensgedächtnis. Ersteres ist hochkomplex, meist auf die Vergangenheit gerichtet, aber trotzdem in der Lage „Gegenwart auf Vergangenheit und Zukunft zu beziehen"[9]. Das autobiografische Gedächtnis ist höchst fragil; selbst Annahmen, dass emotionale Erlebnisse abbildgetreuer ins Gedächtnis eingespeichert werden und präziser wieder abrufbar seien, scheinen widerlegt. Manchmal klaffen Ereignis und Erinnerung völlig auseinander. Dann bewegen wir uns auf dem Feld der sogenannten *false memories*.[10] Zusammenfassend lässt sich feststellen, dass es objektives Erinnern nicht gibt. Es ist nicht die scheinbare Objektivität der Quelle, sondern das kritische Instrumentarium der Wissenschaft, das zu historischer Erkenntnis führt.

Im Familiengedächtnis findet Erinnern im Rahmen der „Gleichzeitigkeit der Ungleichzeitigkeit" statt; wir treffen damit auf die vielfältige Kategorie Generation. Im Allgemeinen wird Generation mit Fortschritt,

---

[6] Reinhart Koselleck, Vergangene Zukunft. Zur Semantik geschichtlicher Zeiten, Frankfurt a. M. 1979, S. 282.
[7] Miriam Gebhardt, Das Familiengedächtnis. Erinnerung im deutsch-jüdischen Bürgertum 1890–1932, Stuttgart 1999, S. 7.
[8] Vgl. Maurice Halbwachs, Das Gedächtnis und seine sozialen Bedingungen, Berlin 1966, sowie Erll, Kollektives Gedächtnis und Erinnerungskulturen, S. 31.
[9] Hans J. Markowitsch, Die Erinnerung von Zeitzeugen aus Sicht der Gedächtnisforschung, in: BIOS 13 (2000), S. 30–50, hier S. 39.
[10] Vgl. Elizabeth F. Loftus, Creating False Memories, in: Scientific American 227 (1997) H. 3, S. 70–75, und Daniel L. Schacter, Searching for Memory. The Brain, the Mind, and the Past, New York 1996, S. 208.

historisch-politischen Veränderungen und geistiger Erneuerung assoziiert, um das Potenzial des Wandels „in einer lebensgeschichtlich überschaubaren Zeitspanne kollektiv wahrzunehmen"[11]. Seit der Mitte des 20. Jahrhunderts wird verstärkt auf kulturelle und erfahrungsgeschichtliche Gräben zwischen den Generationen hingewiesen.[12] Aus sozialgeschichtlicher Sicht ist die Anmerkung wichtig, dass sich aus der gleichen „Lagerung" von Individuen ein Generationszusammenhang generiert, allerdings unter der Voraussetzung einer „Partizipation an den gemeinsamen Schicksalen"[13].

Betreten wir die Bühne der Familie, ändert sich die Perspektive. Generation steht hier für Kontinuität in biologischer wie in kultureller Hinsicht sowie für ein enges emotionales Netzwerk gegenseitiger Solidarität und Interessen. Die gemeinsame Lebensphase von Familienmitgliedern umfasst drei bis vier Generationen, die ein immer wieder neu austariertes Beziehungsgeflecht verbindet und die meist – aber nicht zwangsläufig – ein besonderes Loyalitätsgefüge bilden.[14] Das kommunikative Familiengedächtnis entsteht auf drei Ebenen: absichtslos, auf Familienfeiern, wenn Erinnerungen ausgetauscht werden, und durch lebensgeschichtliche Konstruktionen mit dem Ziel, familiale Traditionen in die Zukunft zu transportieren. Mitzudenken sind auch leere Räume des Familiengedächtnisses. Hier können Brüche, Verwerfungen oder Geheimnisse sichtbar werden.[15]

2. Das Interviewprojekt

Seit sieben Jahrzehnten wird das kulturelle Gedächtnis zu Flucht und Vertreibung von einem breiten Spektrum an Medien und Praktiken gefüttert. Dabei sind unterschiedliche Konjunkturen auszumachen; tabu

---

[11] Ulrike Jureit, Generationenforschung, Göttingen 2006, S. 8.
[12] Vgl. Margaret Mead, Der Konflikt der Generationen. Jugend ohne Vorbild, Olten 1969, und Reinhart Koselleck, Zeitschichten. Studien zur Historik, Frankfurt a. M. 2003, S. 107.
[13] Karl Mannheim, Das Problem der Generationen (1928), in: ders.: Wissenssoziologie. Auswahl aus dem Werk, hrsg. von Kurt H. Wolff, Berlin/Neuwied 1994, S. 509–564, hier S. 542f. Vgl. hierzu auch Jureit, Generationenforschung, S. 29 f.
[14] Vgl. Miriam Gebhardt, „Den Urgroßvater fressen die Pferde..." Von der Möglichkeit eines individuellen und konflikthaften Umgangs mit dem Familiengedächtnis, in: BIOS 19 (2006), S. 93–104.
[15] Vgl. Miriam Gebhardt, Das Familiengedächtnis. Erinnerung im deutsch-jüdischen Bürgertum 1890–1932, Stuttgart 1999, S. 161–173.

war dieses Thema nie. Das Begriffspaar Flucht und Vertreibung entwickelte sich – emotional aufgeladen und kontrovers diskutiert – zu einem Topos mit hohem Wiedererkennungs- und Identifikationswert. Dieser Topos steht für einen exorbitanten, von „Willkür, Zwang, Gewalt und Tod" geprägten Bevölkerungstransfer, der viele weitere Formen der erzwungenen Migration wie „Evakuierung, Flucht, Deportation, Umsiedlung, Ausweisung" einschließt.[16]

Die folgenden Zitate stammen aus Interviews, die im Rahmen meiner Dissertation entstanden sind.[17] Die Interviews mit den Zeitzeugen der Erlebnisgeneration waren weitgehend offen angelegt. Die Interviewpartner sollten ihre Lebensgeschichte erzählen. Die zweite Generation wurde gefragt, wann und wie sie mit dem Thema Flucht und Vertreibung in der Familie in Verbindung gekommen sei. Betrachten wir zunächst die lebensgeschichtliche Erzählung von Ladislaus Pfannerer, Jahrgang 1936, der zusammen mit seinen Eltern, Geschwistern und Großeltern im Frühjahr 1946 aus Weseritz (Bezdružice) in Böhmen nach Ingolstadt kam. Zunächst fand die Familie eine Unterkunft in der Flandernkaserne, bevor sie aus diesem Massenlager in eine Gastwirtschaft im nahegelegenen Gaimersheim umquartiert wurde.[18]

„In Gaimersheim sind wir untergekommen am Marktplatz beim Gasthaus Rupp, Mohrbräu. Da war hinten ein Saal 15 auf 15. Später haben wir da getanzt und haben unsere Faschingsbälle und Sportlerbälle gehalten. [...] Und draußen im Freien war so ein großer Waschkessel, unten beheizt, und da ist Suppe gekocht worden, im Freien. Suppe ist übertrieben, weil da haben viele Augen reingeschaut, aber keine raus. [...] Also mein Bruder, der hat das gegessen und der wäre mehr oder weniger, wäre der, glaube ich, hops gegangen. Der wäre also gestorben. Dann hat die Mutter gesagt: ‚Bua, du musst jetzt zum Betteln gehen.' Dann habe ich gesagt: ‚Um Gottes Willen, daheim haben wir einen Haufen Zeug gehabt, und da muss ich zum Betteln gehen.' Hat sie gesagt: ‚Hilft nichts, du musst zum Betteln gehen, dass du ein bisschen ein Brot kriegst, dass wir den wieder aufpäppeln.' [...] ‚Gut dann gehe ich halt.' Dann bin ich beim Ledl runter, das ist die Hubergasse, und dann unten rechts rein."[19]

---

[16] Mathias Beer, Fachbücher, wissenschaftliche, in: Scholz/Röger/Niven (Hrsg.), Erinnerung, S. 100–115, hier S. 100.
[17] Vgl. ausführlich Susanne Greiter, Flucht und Vertreibung im Familiengedächtnis. Geschichte und Narrativ, München 2014, S. 78–85.
[18] Vgl. Andreas Staudacher/Theodor Straub, Chronik des Marktes Gaimersheim, Ingolstadt 1984, S. 59.
[19] Interviewtranskript (künftig: IT) (11/12/36), S. 17 f. Interview mit Ladislaus Pfannerer (Klarname auf Wunsch des Interviewten), geführt am 13. 2. 2010 in Gaimersheim von Susanne Greiter.

Die in der Tat äußerst schlechten Lebensbedingungen besserten sich, als die Familie Unterschlupf bei einheimischen Bauern fand, die Kost und Logis für Mitarbeit auf dem Hof boten. Aber bald schon kam der Vater bei der Auto Union – der heutigen Audi AG – als Lagerist unter. Damit war der Grundstein für den materiellen Wiederaufstieg gelegt. Bereits 1954 zogen die Eltern von Ladislaus Pfannerer mit ihren beiden Söhnen ins neugebaute Haus.[20]

Auf den ersten Blick handelt es sich hier um die Geschichte einer erfolgreichen Integration. Sieht man jedoch genauer hin, durchzieht das Leitmotiv kultureller Differenz Pfannerers gesamte Erzählung. Grenzte er sich in seinen in Böhmen verorteten Geschichten deutlich von den tschechischen und jüdischen Mitbürgern ab, so zog er in seinen Erzählungen über die Erfahrungen in der neuen Heimat eine Trennlinie zwischen sich und den Alteingesessenen. Nun waren es die Bayern, die keinen Vergleich mit den Leistungen der Böhmen standhielten:

„Haben sie [Bettnachbarn von Ladislaus Pfannerer in einem Krankenzimmer] über Tschechien geredet: ‚Lauter altes Glump! Lauter alte Häuser! Alles vergammelt! Da möchte ich nicht sein.' Und das ist so weitergegangen. Dann bin ich narrisch worden. ‚Jetzt sage ich Ihnen eins: Diese Häuser wurden alle vor Hitlers Zeiten gebaut. In der Kriegszeit ist nichts gebaut worden. Der Krieg ist losgegangen, was weiß ich, 35 oder 38 und da ist nichts mehr gebaut worden. Die Häuser sind mindestens 1920, um den Dreh gebaut worden. Und schauen Sie heute mal in ihrem Eberharting, welches Haus überhaupt noch steht', habe ich gesagt. ‚Da steht keines mehr', hab ich gesagt, ‚und wenn eines steht, ist es eine alte Burg. Und jetzt gehen sie heim – ich bin nämlich von daher, ich bin nämlich ein Sudetendeutscher und jetzt schauen sie, ob bei euch noch ein Haus steht, das 1920 gebaut worden ist!' Dann war Ruhe. Dann war mir leichter."[21]

Dieses Zitat rekurriert zum einen auf das Stereotyp des Verfalls in Tschechien und zum andern auf die Leistungen der Sudetendeutschen. Der Topos von der kulturellen Überlegenheit der Deutschen in Böhmen und Mähren stammte aus den Zeiten des „Volkstumskampfs" in der tschechoslowakischen Republik und wurde nach 1945 über die Grenze nach Bayern tradiert.[22] Im Narrativ Ladislaus Pfannerers ge-

---

[20] Zur Bedeutung der Auto Union für die Immigranten vgl. Wörsdörfer, „Westfälische Slowenen", und Thomas Schlemmer, Industriemoderne in der Provinz. Die Region Ingolstadt zwischen Neubeginn, Boom und Krise 1945–1975, München 2009.
[21] IT (11/12/36), S. 34.
[22] Vgl. Jutta Faehndrich, Eine endliche Geschichte. Die Heimatbücher der deutschen Vertriebenen, Köln 2011, S. 149.

winnt die Differenz zwischen seiner ursprünglichen Heimat und dem bayerischen Gaimersheim eine überragende Bedeutung – ungeachtet des materiellen Wohlstands und der sozialen Integration. So war es auch nur konsequent, dass der Zeitzeuge Fahrten mit dem Gaimersheimer Gemeinderat nach Böhmen organisierte, um „denen zu zeigen, dass wir auch ein bisserl was gehabt haben"[23]. Damit übte sich Pfannerer freilich in Bescheidenheit, wie seine weiteren Ausführungen über das „Dreckloch" Gaimersheim nach dem Krieg zeigen, das im Gegensatz zu Weseritz nicht einmal über eine Kanalisation verfügt habe.[24]

Aber nicht nur materiellen, sondern auch immateriellen Fortschritt schrieb Pfannerer dem Zuzug der Sudetendeutschen zu, wobei das Narrativ eine Zweiteilung von Vergangenheit und Zukunft erkennen lässt. Die Deutschen hätten den Tschechen *und* den Bayern Kultur vermittelt, und zwar Kultur in Form von Bildung und genetischer Regeneration:

„Diese Bayern können froh sein, dass wir gekommen sind. A) gibt es keine Inzucht mehr. In Gaimersheim hat es nur Brandl und Seewald gegeben. In jedem Haushalt, ist übertrieben, in vielen Familien war ein Depp dabei. Inzucht! Durch das, dass wir gekommen sind, zuerst hat es sich nicht ergeben, dass die Gaimersheimer Bauern ein Flüchtlingsmädchen [...] heiratet [sic!]. Das hat es zuerst nicht gegeben, und heute sind die meisten froh, dass sie die gehabt haben, weil das fleißige, anständige Mädchen und Jungen waren."[25]

Pfannerer lobte die Neubürger als Impulsgeber des Aufbruchs in eine positive Zukunft, während er die Alteingesessenen als rückständig beschrieb. Dieses Narrativ ist ein Paradebeispiel dafür, wie sich Geschichte, Geschichten und Diskurse verbinden und im Rahmen der eigenen Identitätskonstruktion einen neuen Sinn erhalten.

Pfannerers Söhne wiederholten die Erzählungen des Vaters, wobei ihnen offensichtlich zumindest teilweise das tiefere Verständnis fehlte. Die Heimatbücher mit ihren detaillierten Ortsplänen und Hausnamen kennt nur noch der Vater. Mentale Begehungstechniken der Erlebnisgeneration zur Vergegenwärtigung der verlorenen Heimat lassen sich in der Regel nicht auf die nächsten Generationen übertragen. Geschichten werden daher vielfach nur noch bruchstückhaft, aus Loyalität zu den Eltern und Großeltern kommuniziert, um letztlich zu verschwinden.

---

[23] IT (11/12/36), S. 20.
[24] IT (11/12/36), S. 22 und 34. Erst in den 1960er Jahren wurde Gaimersheim an die Kanalisation angeschlossen; vgl. Staudacher/Straub, Chronik, S. 60 f.
[25] IT (11/12/36), S. 35.

3. Heimat und Zukunft

„Sie müssen sich denken, ich bin mit Mutter und Großmutter [aufgewachsen], die hatten, ich sag jetzt mal, lange, lange Zeit tagtäglich, nachtnächtlich, nichts anderes als das Thema Vertreibung. Ich bin mit dem Thema Vertreibung groß geworden. Es hat mich, bis meine Mutter starb und bis heute, Sie sehen's, hat das mich beschäftigt und begleitet."[26]

Helena Roth, als Helena Kadelke 1944 in Reichenberg (Liberec) geboren, ist die Nachfahrin einer Hotelbesitzerfamilie aus Thammühl am See (Staré Splavy). Sie kam als Kleinkind im Zuge der „wilden Vertreibungen"[27] Ende Juni 1945 mit Teilen ihrer Familie – der Vater war 1944 an der Ostfront gefallen – nach Sachsen. 1947 erhielten Großmutter und Mutter die begehrte Zuzugsgenehmigung nach Bayern und kamen schließlich zusammen mit der kleinen Helena nach Ingolstadt, wo sie Zeit ihres Lebens unter einem Dach wohnen blieben. Wirkmächtige Formen intergenerationeller Tradierung in dieser fest gefügten Erzählgemeinschaft zeigten sich auf der ersten Reise – rund 25 Jahre nach Kriegsende – zurück in die böhmische Heimat:

„Der Witz war, wir sind in der Nacht angekommen, und in der Früh hat es mich nicht mehr im Bett gehalten, was wenig passiert, und dann habe ich gesagt: ‚So, jetzt geh ich da vor, ich weiß genau, wo das Hotel ist.' Und ich bin hingegangen und stand an der Stelle. So genau hatten meine Eltern, also meine Mutter das beschrieben, dass ich wusste, wo ich hingehen muss, weil da ja der Bahnhof war und da war die Straße, und da bin ich vorgegangen, und da rechts muss das Hotel sein. Und ich hab's gefunden, und ich hab auch den See gefunden. Ich habe nicht gefragt, ‚wo ist denn das' oder so. Ich bin blind gegangen und hab's blind gefunden. Da war ich natürlich ganz stolz und hab gesagt: ‚Mutti, ich war schon beim Hotel.' Und heute noch – ich habe zuerst nicht gekuckt, heute – ich hab's fotografiert – heute noch sehen Sie ‚Hotel P.' geschrieben."[28]

Frau Roth war aufgrund der allgegenwärtigen Erzählungen und Unterhaltungen von Mutter und Großmutter mit den örtlichen Gegebenheiten so vertraut, als wären sie Teil ihrer eigenen Erfahrungen. Ihre Kindheit und Jugend waren geprägt und bestimmt von einer doppelten

---

[26] IT (14/01/44), S. 6. Interview mit Dr. Helena Roth, geb. Kadelke (Pseudonym), geführt am 20.5.2009 von Susanne Greiter in Ingolstadt.
[27] Tomáš Staněk, 1945. Das Jahr der Verfolgung. Zur Problematik der außergerichtlichen Nachkriegsverfolgungen in den böhmischen Ländern, in: Detlef Brandes/Edita Ivaničková/Jiří Pešek (Hrsg.), Erzwungene Trennung. Vertreibungen und Aussiedlungen in und aus der Tschechoslowakei 1938–1947 im Vergleich mit Polen, Ungarn und Jugoslawien, Essen 1999, S. 123–152, hier S. 127.
[28] IT (14/01/44), S. 22.

Integration. So führten Großmutter und Mutter den Haushalt in ihrem Ingolstädter Reihenhaus „böhmisch", wie das folgende Zitat zeigt:

> „Wir waren in diesem Nordostviertel [...], und da hat man wirklich ein äußerstes Bayerisch gesprochen. Und ich habe die Kinder nicht verstanden. Und ich war dann ganz stolz, als ich mir die ersten Brocken angeeignet habe, und kam dann nach Hause und wollte meiner Mutter doch beweisen wie ich bayerisch sprechen kann. Und dann sagte sie zu mir: ‚Ich bitte Dich, Kind, sprich anständig.' Für mich war das von da an klar, von da an bin ich zweisprachig aufgewachsen. Ich kann auch heute noch ganz toll so hochdeutsche Ausdrücke in das Sudetendeutsche – weil seitdem meine Mutter [tot ist] fallen mir immer alle möglichen Wörter ein, die eben nur im Sudetenland gebräuchlich waren, die auch vielleicht niemand anders als ein Nordböhme oder vielleicht auch nur unsere Familie versteht."[29]

Die „Zweisprachigkeit" Bayerisch/Böhmisch-Sudetendeutsch ist gleichsam der äußere Ausdruck der doppelten Integration, nämlich durch die Erzählgemeinschaft der drei Frauen in die nordböhmische Heimat der Vergangenheit und gleichzeitig in die bayerische Umgebung durch den Besuch von Kindergarten und Schule. Aus dem „‚Erleiden' der drückenden Verortung im familiären [...] Diskurs"[30] versuchte Helena Kadelke die durch die Vertreibung verloren gegangene gesellschaftliche Stellung stellvertretend für Mutter und Großmutter wieder zu erreichen.

> „Es ist auch so, dadurch, dass mein Vater gefallen war, und meine Mutter in manchen Dingen so zerbrechlich, war in mir immer der Wunsch, meiner Mutter einmal wieder das Leben bieten zu können oder beweisen zu können, dass man eben gesellschaftlich auch hoch kommen kann oder dass wir eines Tages wieder dort sind, wo sie aufgehört hat. Das ist der Ehrgeiz, den ich habe. [...] Wenn ich Heimat höre, kriege ich Bauchgrummeln. Ich glaub', das ist zu verstehen. Das kommt aus der jüngsten Kindheit her, weil eben immer um Prestigeverlust [...] und um Heimat geweint wurde."[31]

Heimat teilt sich hier in verschiedene, negativ wie positiv besetzte Bedeutungsebenen auf. Der Begriff gibt auf der emotionalen Ebene dem tradierten Schmerz des Verlusts Ausdruck – ein Schmerz, aus dem die nachfolgende Generation die Verpflichtung zum Wiederaufstieg ableitet. Bayern bleibt in der von Mutter und Großmutter dominierten Er-

---

[29] IT (14/01/44), S. 15.
[30] Mark Weißhaupt, Generationale Gattungen – Widerstände der Biographie, in: Andreas Kraft/Mark Weißhaupt, (Hrsg.), Generationen: Erfahrung – Erzählung – Identität, Konstanz 2009, S. 271–296, hier S. 286.
[31] IT (14/01/44), S. 9 f. und 29.

innerungserzählung Helena Roths ein Ort der Verbannung. Das kaum zu vermeidende Grenzgängertum zwischen den Kulturen und Sprachen – dazu gehörte nicht zuletzt das Tschechische als Geheimsprache der Frauen untereinander – und die Endlosschleife der Erzählungen über Leid und Verlust haben Spuren bei der nächsten Generation hinterlassen, die in Leerstellen, aber auch in familialen Zukunftsideen ihren Ausdruck finden.

„Ich lehne es ab, Heimat zu haben. Das ist mein Defizit. Heimat ist mein Defizit. Der Begriff ist bei mir negativ besetzt. […] Und wissen Sie, was ich mir auch noch vorgenommen habe? Ich werde nie um den Verlust eines Besitzes weinen … Weil sie [Mutter und Großmutter] das eben getan haben und weil sie das so betroffen hat."[32]

Und weiter:

„Dass man eben von heute auf morgen auf etwas verzichten können muss. Dass man sich in einer fremden Gegend – ich sag's jetzt mal so – beheimatet fühlen kann, auch Wurzeln schlagen können muss. […] Mir ist es auch wichtig, dass meine Enkelkinder nicht nur bayerisch, sondern auch hochdeutsch sprechen. Dass sie auch zu den Türken freundlich sind. Weil wir damals als Sudetendeutsche, ich sag jetzt absichtlich ‚wir', weil ich's nicht empfunden habe, weil wir eben schief angesehen wurden oder als Dahergelaufene oder sonst wie empfunden wurden, dass man dann sensibel ist einfach dafür. Das ist mir wichtig."[33]

Im lebensgeschichtlichen Narrativ von Rosanna, der 1964 geborenen Tochter Helena Roths, erfährt die Konstruktion der doppelten Heimat eine weitere Verdichtung:

„Die eine war die Roth-Oma, die andere war die Hilde-Oma. Die Roth-Oma ist die bayerische Oma gewesen. Aber ich habe immer versucht, dann auch bayerisch zu sprechen. […] Und die andere Oma, das war dann das Heimelige. Die böhmische Oma. Ich hab bei ihr im Zimmer geschlafen. […] Die Hilde-Oma, wo man sich da wohlfühlen konnte, sich hinkuscheln konnte, und das war halt die böhmische Oma praktisch. […] Und die andere Oma, da war Bayern, da war alles bayerisch. […] Und da hatte ich die zwei Welten immer schon gehabt. Das gab's nie ‚wann hab ich erfahren'. Das eine Haus war so, und das andere Haus war so."[34]

Rosanna Zitzelsberger, zusammen mit der Großmutter Teil des Vertriebenennetzwerks, führte nicht nur ein langes Interview mit ihrer

[32] IT (14/01/44), S. 8.
[33] IT (14/01/44), S. 29.
[34] IT (13/06/64), S. 3f. Interview mit Rosanna Zitzelsberger (Pseudonym) am 26.5.2009, geführt von Susanne Greiter in Ingolstadt.

Großmutter, sondern interviewte weitere Vertriebene im näheren und weiteren Bekanntenkreis. Die verlorene böhmische Heimat der Vorfahren wurde ihr so zu einer eigenen Erzählheimat. Ihr Engagement für russlanddeutsche Einwanderer ist nicht zuletzt auf die eigene Familiengeschichte zurückzuführen. Die Vergangenheit verbindet sich so in spezifischer Weise mit der Zukunft.

4. Migration – eine Generationenerfahrung

Die Familienerzählungen zeigen, dass Flucht und Vertreibung längst nicht nur die Erlebnisgeneration betrifft und Leerstellen, Traumata oder Verlustängste hinterlässt. Migrationserfahrungen ziehen sich auf unterschiedliche Weise über Generationen durch die Familien. Die Familiensituation und die Intensität der Erzählungen spielen hierbei eine sehr große Rolle. Manche Geschichten sind bereits in der ersten Nachkriegsgeneration auserzählt, wobei erschwerend hinzukommt, dass mentale Begehungstechniken der Erlebnisgeneration zur Vergegenwärtigung der verlorenen Heimat nicht auf die nächsten Generationen übergehen. Diese Geschichten werden künftig nur noch bruchstückhaft oder gar nicht mehr aktiv kommuniziert. Auch ist zu erwarten, dass viele Geschichten und Rituale verschwinden, die nur oder vor allem aus Loyalität zu Eltern und Großeltern nacherzählt und praktiziert werden. Offensichtlich können unter bestimmten Bedingungen intensive Erzählungen über die verlorene Heimat sehr tiefe Spuren bei den Nachkriegsgenerationen hinterlassen. Heimat wird so über Erzählung vererbt, lässt Aufträge an die nächsten Generationen entstehen, ist mit Gegenwart und Zukunft verwoben.

Raphaela Etzold
Von „Streunern" und Vertriebenen: die heimatlose Jugend
Unbegleitete Minderjährige in Bayern nach 1945

1. Rechtlicher Rahmen und Begriffsklärung

„Kann in dieser allgemeinen Not die Jugend überhaupt noch Anspruch auf besondere Beachtung haben? Darf man in einer Zeit, in der der Staat um seine Existenz kämpft, von Jugendhilfe oder gar von Reformen sprechen?" Diese Frage stellte die bayerische Oberregierungsrätin Elisabeth Bamberger 1949 im Eröffnungsbeitrag der Zeitschrift „Unsere Jugend"[1]. Die Antwort gab sie selbst: Auch bei einem Schiffbruch rette man zuerst die Kinder. Daran, dass die Situation ähnlich dramatisch war, ließen die präsentierten Zahlen ihrer Einschätzung nach keinen Zweifel: „In Bayern sind von rund 2,5 Millionen Kindern und Jugendlichen unter 18 Jahren ca. 400.000 Flüchtlingskinder, 147.000 unehelliche Kinder, 14.719 Doppelwaisen. [...] Von rund 1.800.000 Wohnungen, die es 1939 in Bayern gab, sind 236.000 total zerstört, [...] nahezu die doppelte Zahl ist schwer oder mittelschwer beschädigt."[2]

Die Herausforderungen, vor denen Jugendhilfe und Fürsorgeämter in den ersten Nachkriegsjahren standen, lassen sich aus diesen Zahlen allenfalls erahnen. Besonders problematisch war die Situation der unbegleiteten Minderjährigen, die im Mittelpunkt dieses Beitrags stehen. In diesem Zusammenhang geht es nicht zuletzt um die rechtliche Beurteilung und den rechtlichen Rahmen, wobei die bayerischen Verordnungen „Zum Schutze der planlos wandernden Jugend" von besonderer Bedeutung sind.

---

[1] Elisabeth Bamberger, Jugendnot und Jugendhilfe, in: UJ 1 (1949) H. 1, S. 3–12, hier S. 3. Elisabeth Bamberger, geb. 13. 12. 1890 in Erding, gest. 23. 9. 1984 in München, Begründerin der Zeitschrift „Unsere Jugend" und maßgebliche Akteurin in der – insbesondere bayerischen – Jugend- und Familienfürsorge der Nachkriegszeit.
[2] Ulrich Chaussy, Jugend, in: Wolfgang Benz (Hrsg.), Die Bundesrepublik Deutschland. Geschichte in drei Bänden, Bd. 2: Gesellschaft, Frankfurt a. M. 1983, S. 35–67, hier S. 35, sprach dagegen von 244.462 vaterlosen Kindern, davon 3455 Vollwaisen.

Die unklaren Gesetzgebungskompetenzen in den Jahren der Besatzung und Zweifel über die Fortgeltung bestehenden Rechts machten all denjenigen das Leben schwer, die für Gesetze und Verordnungen verantwortlich zeichneten. Häufig waren kreative Lösungen auf Verwaltungsebene notwendig. Im Jugendhilferecht setzten aber das nach 1945 fortgeltende Reichsjugendwohlfahrtsgesetz (RJWG)[3], die Reichsfürsorgeverordnung[4], sowie – auf Landesebene – das bayerische Jugendamtsgesetz[5] zumindest einen stabilen Rahmen.[6] Dieser Rahmen konnte nach der allmählichen Übertragung von Zuständigkeiten auf die Länder der amerikanischen Besatzungszone und durch örtliche Regelungen in Absprache mit den Militärbehörden ergänzt werden. Auch nach Gründung der Bundesrepublik fand sich hier die Richtschnur für untergeordnetes Recht.

Vor allem unbegleitete Minderjährige standen – nicht anders als heute – im Fokus der Behörden. Auf dem Weg zu einem gesicherten rechtlichen Status und zu einem stabilen Umfeld waren Fragen nach Rechtsgrundlagen, Zuständigkeiten und Kostenübernahme zu klären, wobei der Regelung und praktischen Organisation von vorläufiger und dauerhafter Unterbringung oder Fremdbetreuung von besonderer Bedeutung waren.[7] Trotz dieser Parallelen mutet der Begriff unbegleiteter Minderjähriger hier etwas anachronistisch an, findet er seine Verwendung doch viel eher in der aktuelleren Fachsprache als in den Diskursen des ersten Nachkriegsjahrzehnts. Gleichwohl beschreibt

---

[3] Vgl. RGBl. 1922 I, S. 633: Reichsgesetz für die Jugendwohlfahrt vom 9.7.1922.
[4] Vgl. RGBl. 1924 I, S. 100: Verordnung über die Fürsorgepflicht vom 13.2.1924, sowie ebd., S. 765: Reichsgrundsätze über Voraussetzung, Art und Maß der öffentlichen Fürsorge vom 4.12.1924.
[5] GVBl. 1925, S. 211: Bayerisches Jugendamtsgesetz vom 20.7.1925.
[6] So auch die Einschätzung von Hans Muthesius, Genügt unser geltendes Jugendwohlfahrtsrecht den Anforderungen der Nachkriegszeit?, in: Wilhelm Polligkeit (Hrsg.), Fürsorge im Dienst der wirtschaftlichen und sozialen Sicherung der Bevölkerung. Verhandlungen und Ergebnisse des Deutschen Fürsorgetages 1949 in Bielefeld, München 1950, S. 67–74.
[7] Daran hat sich wenig geändert, wenn man an die auch angesichts aktueller Flüchtlingszahlen neu gefassten Vorschriften im Kinder- und Jugendhilferecht denkt. Vgl. BGBl. 2015 I, S. 1802: Gesetz zur Verbesserung der Unterbringung, Versorgung und Betreuung ausländischer Kinder und Jugendlicher vom 28.10.2015. Parallelen zwischen aktuellen und vergangenen Flüchtlingsdebatten drängen sich auch auf beim Blättern in der Fotoreportage von Ré Soupault, Katakomben der Seele. Eine Reportage über Westdeutschlands Vertriebenen- und Flüchtlingsproblem 1950, hrsg. von Manfred Metzner, Heidelberg 2016.

er den hier relevanten Personenkreis – die auf sich allein gestellten unter 21-Jährigen – gut[8]: Berücksichtigung finden nicht nur Flüchtlingskinder im Sinne der bayerischen Flüchtlingsausweisverordnung[9] beziehungsweise des später erlassenen Bundesvertriebenengesetzes, sondern auch Vertriebene aus deutschen Siedlungsgebieten in Ostmittel- und Südosteuropa, ihnen gleichgestellt die späteren Sowjetzonenflüchtlinge. Zu befassen hatten sich Flüchtlingskommissare und Jugendämter[10] mit allen Kindern und Jugendlichen, die ohne Heimat und Betreuung waren – unabhängig vom rechtlichen (Aufenthalts-)Status. Eingang in Fach- und Gesetzessprache fanden vor diesem Hintergrund die „Heimatlosen". Waren mit diesem Begriff zunächst vorwiegend die von Kriegsereignissen vor Ort betroffenen oder evakuierten Minderjährigen gemeint, so bezog er sich im Kontext der deutschen Teilung verstärkt auf sogenannte Grenzgänger aus der Sowjetischen Besatzungszone (SBZ) oder auf sonstige „Ausreißer"[11].

2. Rechtsfragen zur Unterbringung der „Heimatlosen"

a) Allgemeines

Dass die dauerhafte Unterbringung der kriegsbedingt heimatlosen Kinder und Jugendlichen alle Beteiligten vor große Herausforderungen stellte, bedarf kaum besonderer Erwähnung. Nicht zu unterschätzen war dabei die öffentliche Wahrnehmung dieses Handlungsfelds der Jugendhilfe: Wo anfangs noch Mitleid und Hilfsbereitschaft vorherrschten, hielten im Verlauf der Nachkriegsjahre Misstrauen und eine allgemeine Abwehrhaltung gegen „Vagabundierende"[12] oder schlicht

---

[8] Die Grenze zur Volljährigkeit lag in Westdeutschland bis 1974 bei 21 Jahren (BGBl. 1974 I, S. 1713: Gesetz zur Neuregelung des Volljährigkeitsalters vom 8. 8. 1974), in der SBZ und späteren DDR ab 1950 bei 18 Jahren (GBl. 1950, S. 437: Gesetz über die Herabsetzung des Volljährigkeitsalters vom 17. 5. 1950).

[9] Vgl. Verordnung über die Einführung des Flüchtlingsausweises, o. D., in: Bayerischer Staatsanzeiger, 1. 6. 1946, S. 2.

[10] Vgl. Zuständigkeitsabgrenzung zwischen dem Staatskommissar für das Flüchtlingswesen und dem Landesjugendamt, o. D., in: Bayerischer Staatsanzeiger, 22. 7. 1946, S. 2.

[11] Vgl. Ernst Ell, Die Grenz-Jugendheimstätte in Kronach, in: UJ 3 (1951), S. 376–381, hier S. 376 und 380 f.

[12] StA München, RA 1518/77672, Denkschrift der Vorsitzenden des Deutschen Roten Kreuzes, der Bahnhofsmission u. a. zur Bekämpfung der Verwahrlosung wandernder Jugendlicher, 29. 7. 1946.

"Streuner"[13] Einzug. Diese galt es bald, mit allen Mitteln von der Straße zu holen.[14] Ungeachtet der Probleme als Folge materieller Not soll das Interesse hier den Schwierigkeiten gelten, die allein auf rechtliche Mängel zurückzuführen waren. Dabei stellt sich die Frage, welche Instrumente das Jugendhilferecht beim Umgang mit Jugendlichen bis zum Alter von 18 Jahren bereitstellte, wie mit Jugendlichen verfahren wurde, die schon älter waren, und wer die Kosten für die Maßnahmen der Jugendhilfe übernahm.

b) Zuständigkeit des Jugendamts nach RJWG

Die Entscheidung über die Unterbringung ist an sich eine des Aufenthaltsbestimmungsrechts und grundsätzlich von den erziehungsberechtigten Eltern zu treffen. Im Falle unbegleiteter Minderjähriger fiel diese Aufgabe dem Vormund zu, in der Regel also dem Jugendamt als Amtsvormund.[15] Das RJWG sah dafür in Abschnitt III ganz allgemein die Unterbringung bei „Pflegepersonen" (§ 23 RJWG) unter Überwachung durch das Jugendamt vor. Gemeint waren damit sowohl „Pflegeeltern" als auch Vorstände von „Anstalten zur Aufnahme Minderjähriger"[16]. „Pflegekinder" fielen grundsätzlich[17] bis zum 14. Lebensjahr unter die ebenfalls durch das Jugendamt ausgeübte Pflegekinderaufsicht; sie umfasste sowohl die in Familien-, als auch in Anstaltspflege untergebrachten Minderjährigen.[18]

---

[13] So etwa Ell, Grenz-Jugendheimstätte, S. 376 und 378.
[14] Vgl. Daniela Zahner, Jugendfürsorge in Bayern im ersten Nachkriegsjahrzehnt 1945–1955/56, München 2006, S. 125 f.
[15] Vgl. Hans Muthesius, Reichsjugendwohlfahrtsgesetz, Stuttgart 1950, Vorbemerkung § 19 Anm. IV.1; Bernhard Danckelmann u. a. (Bearb.), Palandt. Bürgerliches Gesetzbuch mit Einführungsgesetz, Verschollenheitsgesetz, Abzahlungsgesetz, Wohnungseigentumsgesetz, Schiffsrechtegesetz, Ehegesetz, Militärregierungsgesetz 52 und 53 und anderen einschlägigen Vorschriften, München ¹¹1953, § 1627 Anm. 4a.
[16] Walther Heß, Jugendwohlfahrtsrecht. Reichsjugendwohlfahrtsgesetz, Bayerisches Jugendamtsgesetz, Reichsjugendgerichtsgesetz samt den einschlägigen weiteren Gesetzen und Bestimmungen des Reichs und Bayerns. Handausgabe mit Erläuterungen, München 1926, § 23 RJWG Anm. 3; Muthesius, Reichsjugendwohlfahrtsgesetz, § 23 Anm. 2.
[17] Ausnahmen waren nach § 31 RJWG in Verbindung mit Landesrecht möglich; außerdem bestanden Befugnisse des Jugendamts nach anderen Vorschriften fort; vgl. ebd., § 19 Anm. 3.
[18] Vgl. Heß, Jugendwohlfahrtsrecht, § 19 RJWG Anm. 2, und Muthesius, Reichsjugendwohlfahrtsgesetz, Vorbemerkung § 19 Anm. V.5; zum Folgenden vgl. ebd.

Als Pflegekinderschutzbehörde war das Jugendamt auch dann, wenn es nicht zum Vormund bestellt war, für Vermittlung und Nachweis von Pflegekinderplätzen sowie für die Zusammenarbeit mit den Pflegestellen der Familienpflege zuständig. Ständiger Arbeitsschwerpunkt war dabei die Suche nach geeigneten Pflegestellen und freien Plätzen.[19] Nachdem das Chaos der ersten Nachkriegsmonate einigermaßen überwunden war, ging es auch immer mehr darum, junge Leute von der Straße wegzuholen, die sich gegen Obdach und Betreuung sträubten. Mit diesem Problem sahen sich die Jugendämter seit Inkrafttreten des RJWG zum ersten Mal konfrontiert – zumindest in diesem Ausmaß[20] –, und daraus erwuchs die vielleicht vordringlichste Aufgabe der Jugendhilfe[21], die nach effektiven rechtlichen Grundlagen verlangte.

c) Regelungslücken und ihre Folgen – die Verordnungen 73 bis 75

Das RJWG stellte zur Verhütung „körperlicher, geistiger oder sittlicher" Verwahrlosung die Instrumente der Schutzaufsicht (§§ 56 ff.) und, zur „Verhütung oder Beseitigung der Verwahrlosung", der Fürsorgeerziehung (§§ 62 ff.) zur Verfügung. Die sogenannte Schutzaufsicht als gerichtlich angeordnete Erziehungshilfe schied als passende Handhabe im Umgang mit den „Heimatlosen" offensichtlich aus: Sie war als Unterstützung der Erziehung im gewohnten Umfeld (in der Regel der Familie) angelegt, und gerade ein solches Umfeld fehlte den „Heimatlosen". In Betracht kam allein die vormundschaftsgerichtlich anzuordnende Fürsorgeerziehung als „schärfstes Schwert" der Jugendhilfe im Umgang mit gefährdeten Jugendlichen.[22] Sie war grundsätzlich zulässig, wenn bezüglich eines unter 18-Jährigen die Voraussetzungen der Kindeswohlgefährdung nach § 1666 Bürgerliches Gesetzbuch (BGB)

---

[19] Vgl. zeitgenössisch etwa Erna Maraun, Heimerziehung oder Familienunterbringung, in: UJ 1 (1949) H. 10, S. 14–18, hier S. 14.
[20] Zur Entwicklung der Fürsorgeerziehung seit 1900 vgl. Markus Köster, Jugend, Wohlfahrtsstaat und Gesellschaft im Wandel. Westfalen zwischen Kaiserreich und Bundesrepublik, Paderborn 1999, S. 143 ff.
[21] Diskutiert etwa auf dem Deutschen Fürsorgetag 1949, vgl. Elisabeth Zillken, Genügt unser geltendes Jugendwohlfahrtsrecht den Anforderungen der Nachkriegszeit?, in: Polligkeit (Hrsg.), Fürsorge, S. 75–86, hier S. 75 und 80.
[22] Ausgangspunkt ihrer Entwicklung war das Strafrecht; vgl. Muthesius, Reichsjugendwohlfahrtsgesetz, Vorbemerkung Abschnitt VI.

oder § 1838 BGB vorlagen und die anderweitige Unterbringung zur Verhütung nicht lediglich körperlicher Verwahrlosung (§ 63 Abs. 1 Nr. 1 RJWG) oder zur Beseitigung der Verwahrlosung wegen Unzulänglichkeit der Erziehung erforderlich war (§ 63 Abs. 1 Nr. 2 RJWG).

Grundlegend war dabei der Gedanke, möglichst früh erzieherisch einzugreifen, aber zuvor andere, weniger einschneidende Maßnahmen auszuschöpfen.[23] Auszuscheiden hatte die Fürsorgeerziehung dem Gesetz nach dann, wenn sie offensichtlich nicht erfolgversprechend (§ 63 Abs. 1 Nr. 2 RJWG) schien.[24] Zur hohen Anzahl an unterzubringenden „Heimatlosen" passte diese gesetzliche Vorstellung mit ihrer eingehenden Einzelfallprüfung durch das Vormundschaftsgericht nicht so recht. Hinzu kam eine Vielzahl unterschiedlicher örtlicher Regelungen, die einerseits die Zusammenarbeit der Jugendämter erschwerte, andererseits den Jugendlichen durch häufige Aufenthaltswechsel die Umgehung von Vorschriften erleichterte.[25] Angesichts drängender praktischer Probleme, die unter anderem ein Zusammenschluss freier Fürsorgeverbände in einer Denkschrift anprangerte[26], erließ die bayerische Staatsregierung am 15. April 1946 die „Verordnung Nr. 73 zum Schutze der planlos wandernden Jugend"[27]. Diese Verordnung (VO) zielte darauf ab, die heimatlose Jugend „wieder an ein geordnetes Leben zu gewöhnen und sesshaft zu machen" (§§ 1, 3). Sie sah dazu zahlreiche behördliche Eingriffsbefugnisse beziehungsweise deren Erweiterung vor. Ohne die Hürden für die Einweisung zur Fürsorgeerziehung an sich herabzusetzen, nannte sie die Fürsorgeerziehung neben der Anordnung von Vormundschaften und Pflegschaften explizit als Maßnahme, die vom vorläufig zuständigen Amtsgericht am Ort des Aufgreifens getroffen werden konnte. Die Verordnung wies damit Jugendämtern und Gerichten zumindest implizit den Weg, eine Einweisung nicht sesshafter Jugendlicher war regelmäßig die Folge.[28] Unverändert

---

[23] Vgl. Heß, Jugendwohlfahrtsrecht, § 62 RJWG Anm. 9.
[24] Vgl. Muthesius, Reichsjugendwohlfahrtsgesetz, § 64 Anm. 14.
[25] Vgl. Rundschreiben an die Mitglieder und Förderer des Deutschen Vereins für Öffentliche und Private Fürsorge, in: Nachrichtendienst des Deutschen Vereins für öffentliche und private Fürsorge 1 (1946), 9 ff.
[26] StA München, RA 1518/77672, Denkschrift der Vorsitzenden des Deutschen Roten Kreuzes, der Bahnhofsmission u. a. zur Bekämpfung der Verwahrlosung wandernder Jugendlicher, 29.7.1946.
[27] BayGVBl. 1946, S. 218.
[28] Vgl. Zahner, Jugendfürsorge, S. 113.

blieb die altersmäßige Begrenzung: Fürsorgeerziehung für die „planlos Wandernden" galt nur für Jugendliche bis zu 18 Jahren.

Nicht erfasst wurden die vielen heranwachsenden Jugendlichen, die zwar nach wie vor minderjährig und möglicherweise als Mündel beim Jugendamt geführt waren, für die die Einweisung in Fürsorgeerziehungsheime oder Pflegefamilien aber nicht in Frage kam.[29] Die über 18-Jährigen bildeten den größten Anteil unter den „Streunern", gegen die die Behörden abgesehen von strafrechtlichen Maßnahmen gegen „Betteln" oder „Landstreichen" aber kaum eine Handhabe hatten.[30] Insbesondere zwei Problemkreise machten sowohl aus Sicht der Jugendhilfe als auch aus der von Sicherheitsbehörden und Öffentlichkeit rasches Handeln nötig: die Ausbreitung von Geschlechtskrankheiten unter Jugendlichen und die Arbeitsverweigerung vor allem männlicher „Streuner", häufig einhergehend mit Schwarzmarktkriminalität.

Die Ausbreitung von Geschlechtskrankheiten führte die bayerische Staatsregierung auf die „sittliche Verwahrlosung" der weiblichen Bevölkerung zurück und erließ gemeinsam mit VO Nr. 73 die „Verordnung Nr. 74 zur Unterbringung verwahrloster Frauen und Mädchen"[31]. Anders als nach der bisherigen Rechtslage (auch nach dem „Gesetz zur Verhütung von Geschlechtskrankheiten" vom 18. Februar 1927[32]) konnten nun Mädchen und Frauen über 18 Jahre „in einer vom Land als geeignet erachteten Anstalt" untergebracht werden (§ 1 VO Nr. 74), und zwar auf Anordnung der Bezirksverwaltungsbehörde. Eine richterliche Anordnung wie im Falle klassischer Fürsorgeerziehung war nicht mehr nötig. Voraussetzung für die Einweisung von drei Monaten bis zu zwei Jahren (§ 2 VO Nr. 74) waren allein der Lebenswandel, der eine Verbreitung von Geschlechtskrankheiten befürchten ließ, oder sonstige sittliche Verwahrlosung.

---

[29] Vgl. Zillken, Jugendwohlfahrtsrecht, S. 75 und 83, die eine solche Praxis aber befürwortete und lediglich „altersmäßige Ausdehnung" forderte. Zum Problem der Fortsetzung des Be- und Verwahrungsgedankens nach 1945 in der Jugendfürsorge vgl. Matthias Willing, Das Bewahrungsgesetz (1918-1967). Eine rechtshistorische Studie zur Geschichte der deutschen Fürsorge, Tübingen 2003, S. 209 ff.
[30] Vgl. dazu Walter Becker, Hilfe für Jugendliche Wanderer, in: ZBlJR 40 (1953), S. 89-93, hier S. 89, sowie Heinen, Fürsorge für jugendliche Landstreicher, in: UJ 4 (1952), S. 430 f., hier S. 430.
[31] BayGVBl. 1946, S. 219.
[32] Vgl. Walter Becker, Kommentar zum Gesetz zur Bekämpfung von Geschlechtskrankheiten, Münster 1954, S. VII ff.

Ähnlich erweiterte Eingriffsbefugnisse gegenüber „arbeitsscheuen" jungen Erwachsenen sah die „Verordnung Nr. 75 über Arbeitserziehung" vor, deren Ziel es war, „die durch den Krieg und die Kriegsfolgen der Arbeit entwöhnten Jugendlichen bis zu 25 Jahren wieder an ein sesshaftes Leben und eine geordnete Arbeit" heranzuführen.[33] Die Voraussetzung für die Unterbringung in sogenannten Arbeitserziehungsanstalten (§ 1 Abs. 2 VO Nr. 75) war gegeben, wenn sich ein Jugendlicher wiederholt der Arbeitsverpflichtung „nach dem Kontrollratsgesetz Nr. 3" entzogen hatte.[34] Auch hierfür war kein richterlicher, sondern lediglich der Beschluss der Fürsorgebehörde notwendig (§ 3 VO Nr. 75).

Die von der Fürsorge nachdrücklich geforderten rechtlichen Grundlagen im Umgang mit heranwachsenden „Heimatlosen"[35] hatten somit in den Verordnungen Nr. 74 und 75 ihren Niederschlag gefunden. Auch die strittige Kostenfrage – bislang hatten Jugendämter die „Wandernden" immer wieder an die Kollegen in anderen Bezirken abgeschoben, um Geld zu sparen[36] – erfuhr eine Neuregelung: Mussten zuvor wie bei der Fürsorgeerziehung (nach RJWG und Reichsfürsorgeverordnung[37]) die Kreisfürsorgeverbände und damit die Kreise und Gemeinden für die Kosten aufkommen, trug nun der bayerische Staat die „aufgrund dieser Verordnung entstandenen Kosten" (§ 7 VO Nr. 73); das galt nicht zuletzt für die Unterbringung (§ 7 VO Nr. 74, § 8 VO Nr. 75).

---

[33] BayGVBl. 1946, S. 219 f.

[34] Gemeint war Befehl Nr. 3 vom 17. 1. 1946, in: Sammlung der vom Alliierten Kontrollrat und der Amerikanischen Militärregierung erlassenen Proklamationen, Gesetze, Verordnungen, Befehle, Direktiven, zusammengestellt von Ruth Hemken, Bd. 1: Kontrollrat, Stuttgart o. J. Danach mussten sich grundsätzlich alle arbeitsfähigen Männer im Alter von 14 bis 65 Jahren sowie alle arbeitsfähigen Frauen im Alter von 15 bis 50 Jahren als arbeitssuchend registrieren lassen und die ihnen zugewiesene Arbeit annehmen.

[35] Hilde Eiserhardt, Kampf gegen Verwahrlosung und Straffälligkeit unserer Jugend, in: Nachrichtendienst des Deutschen Vereins für öffentliche und private Fürsorge 1 (1946), S. 9–14, hier S. 9 ff. Zur Arbeitserziehung vgl. Hilde Eiserhardt, Das „Recht auf Arbeitsscheue", in: Nachrichtendienst des Deutschen Vereins für öffentliche und private Fürsorge 2 (1947), S. 131 ff., hier S. 131, und den Leserbeitrag in: UJ 1 (1949) H. 2, S. 34.

[36] Vgl. etwa Zillken, Jugendwohlfahrtsrecht, in: Polligkeit (Hrsg.), Fürsorge, S. 75 und 80.

[37] RGBl. I 1924, S. 100 und 110: Reichsfürsorgeverordnungen vom 13. 2. und 14. 2. 1924.

d) Bewährungsprobe: Auslegungs- und Anwendungsfragen

Im Ergebnis bewährten sich die Verordnungen dennoch nur sehr eingeschränkt: Die Anordnung freiheitsentziehender Maßnahmen durch Fürsorgebehörden stand offensichtlich im Konflikt mit Art. 102 Abs. 2 der Bayerischen Verfassung vom 2. Dezember 1946, der festlegte: „Jeder von der öffentlichen Gewalt Festgenommene ist spätestens am Tage nach der Festnahme dem zuständigen Richter vorzuführen", der entweder „Haftbefehl zu erlassen oder ihn unverzüglich in Freiheit zu setzen" hat. Dieser Widerspruch blieb weder der amerikanischen Militärregierung noch den zuständigen bayerischen Behörden verborgen. Unsicherheiten über die Anwendbarkeit der Regelungen waren die Folge[38], und es dauerte nicht lange, bis die Militärregierung am 22. Oktober 1947 verfügte, die Verordnungen Nr. 74 und 75 aufzuheben. Junge Erwachsene, die man auf der Grundlage dieser Verordnungen festgehalten hatte, wurden entlassen, ohne dass ihre nachfolgende Betreuung sichergestellt war.[39]

Übrig blieb VO Nr. 73, die – verglichen mit der bisherigen Rechtslage – die Jugendämter im Umgang mit den „Heimatlosen" immerhin in der Kostenfrage besser stellte. Zumindest war dies ihr Anspruch, der aber schon bald an Auslegungsfragen zu scheitern drohte: Welche Kosten waren denn „aufgrund dieser Verordnung" entstanden? Ging es nur um die Kosten für das vorläufige Festhalten und die Erstmaßnahmen zur Familienzusammenführung oder auch um die der dauerhaften Heimunterbringung? Und, viel grundlegender: Wer war eigentlich heimatlos? Nur tatsächlich „elternlose" oder auch unbegleitete Jugendliche, deren Eltern in anderen Ländern der Westzonen oder in der SBZ lebten?[40]

Anwendungsfragen ergaben sich darüber hinaus auch aus dem Umstand, dass der Personenkreis, den die zuständigen Stellen ursprünglich im Blick hatten, im Laufe der Zeit durch einen neuen ersetzt worden war. Nach einem Rundbrief des Landesjugendamts an die bayerischen Jugendämter vom Juni 1952 sei „der Typ des heimatlosen Jugendlichen der Nachkriegsjahre, der die Fassung der VO Nr. 73 bestimmte, heute zum größten Teil von der Landstraße verschwunden".

---

[38] Vgl. Zahner, Jugendfürsorge, S. 129 ff.
[39] Vgl. Eiserhardt, „Recht auf Arbeitsscheue", S. 131 f.; sowie Zahner, Jugendfürsorge, S. 131, mit weiteren Nachweisen.
[40] Vgl. Rundschreiben (wie Fußnote 25), S. 9 ff., und Zahner, Jugendfürsorge, S. 214 f.

Stattdessen habe man es mit „Ausreißer[n] und illegale[n] Grenzgänger[n]" zu tun"[41]. In diesem Zusammenhang heißt es in einem Bericht des Leiters der Grenzjugendheimstätte Kronach, die im Jahr 1950 mit der Aufnahme „jugendlicher Grenzgänger" betraut wurde:

„Die VO 73 war z. Z. ihrer Entstehung ein großes Werk. Heute aber ist sie veraltet und trägt den Tatsachen nicht mehr Rechnung. Durch ihre Schuld müssen Jugendliche unmittelbar nach Gießen [Durchgangs- und Notaufnahmelager]. [...] Soweit ich sehen kann, leiten alle sonstigen Bundesländer ihre jugendlichen Grenzgänger bis zum 21. Lebensjahr in Jugendauffanglager, durch die ihnen das Asylrecht ohne Aufenthalt in Gießen besorgt wird. Nachdem der Bund 85 % der Kosten trägt, sollte sich auch Bayern entschließen, diese Alterseinschränkung fallen zu lassen."[42]

Häufige Wechsel des Aufenthaltsorts wurden von der Fürsorgefachwelt im Übrigen als schädlich eingestuft. Zwar stand bei den jungen Erwachsenen nicht mehr wie bei jüngeren Kindern das Interesse an einem stabilen erzieherischen Umfeld im Mittelpunkt, wohl aber das Bestreben, den Weg in ein geregeltes Arbeitsleben zu ermöglichen. Auch hier war die längerfristige Betreuung und Beratung zentral, so dass abrupte Ortswechsel als kontraproduktiv galten.[43] Zu einem vorläufigen Abschluss kam die Diskussion mit dem Erlass des bayerischen Verwahrungsgesetzes, das aber vorwiegend auf „Geisteskranke" und „Abhängige" zielte[44]; der Personenkreis, mit dem es die Jugendhilfe überwiegend zu tun hatte, war nicht betroffen.[45]

3. Vom Nutzen der Grundsätzlichkeit

Die Nachkriegszeit mit ihrer unübersichtlichen Gesetzeslage, ihren hohen Flüchtlings- und Heimatlosenzahlen und der allgemeinen materiellen Not stellte Gesetz- und Verordnungsgeber ebenso wie die Jugendhilfebehörden vor bisher nicht gekannte Herausforderungen im Umgang mit unbegleiteten Minderjährigen. Welche Folgen ad

---

[41] Ebd., S. 216.
[42] Ell, Grenz-Jugendheimstätte, S. 376 und 380 f.
[43] Aus praktischer Sicht vgl. Erich Püschel, Die Hilfe der deutschen Caritas für Vertriebene und Flüchtlinge nach dem Zweiten Weltkrieg (1945–1966), Freiburg 1972, S. 66 f.
[44] BayGVBl. 1952, S. 163: Gesetz über die Verwahrung Geisteskranker, Geistesschwacher, rauschgift- oder alkoholsüchtiger Personen vom 30.4.1952.
[45] Vgl. Zahner, Jugendfürsorge, S. 294; zum Bundesverwahrungsgesetz vgl. Willing, Bewahrungsgesetz, S. 227 ff.

hoc-Reaktionen aber auf die Nachvollziehbarkeit, Folgerichtigkeit und Praxistauglichkeit des Rechts haben können, zeigen die bayerischen Verordnungen „Zum Schutze der planlos wandernden Jugend"[46]. Sie resultierten nicht zuletzt aus der fehlenden Rückbesinnung auf die Leitlinien des Jugendhilfe- und Fürsorgerechts. Das auch nach 1945 fortgeltende RJWG schrieb den Anspruch auf Erziehung fest und wollte die Kinder nicht zum Objekt eines „Erziehungsverfahrens" machen.[47] Überdies zog das Fürsorgerecht nicht zwingend bei den 18-Jährigen eine Grenze.[48] Dagegen lag der Schwerpunkt der hier diskutierten Verordnungen eindeutig im Gefahrenabwehrrecht.

Die Folge waren Auslegungsfragen, bei denen der Rückgriff auf gesicherte Orientierungsgrundlagen nicht möglich war; auch praktische Anwendungsfälle fehlten. Ob ein überlegteres Vorgehen angesichts der schwierigen Umstände der ersten Nachkriegsjahre zu einer effektiveren Lösung akuter Notstände geführt hätte, darf jedoch bezweifelt werden. Die Gefahr der kurzfristigen Aufhebung von Regelungen mit all ihren – vor allem für die Praxis schädlichen – Nebenfolgen wäre aber geringer gewesen.

---

[46] Ähnliches gilt für die punktuellen Anpassungen im Adoptionsrecht durch das Gesetz zur Erleichterung der Annahme an Kindes statt vom 8.8.1950 (BGBl. 1950 I, S. 356). Vgl. z. B. zeitgenössisch Elisabeth Bamberger, Zum Entwurf eines Gesetzes zur Erleichterung der Annahme an Kindes statt, in: UJ 2 (1950), S. 101 f., hier S. 101, und Walter Becker, Neugestaltung des Adoptionsrechts, in: NJW 3 (1950), S. 89–94, hier S. 90.
[47] Muthesius, Reichsjugendwohlfahrtsgesetz, Vorbemerkung Abschnitt I., III.
[48] Vgl. dazu Becker, Neugestaltung, S. 89 und 93.

Gerrit Manssen
Notfalls kommt die Polizei
Sicherheitsrecht und Eigentumsschutz bei der
Sicherstellung der Wohnungsversorgung für
Flüchtlinge und Vertriebene nach 1945

1. Einleitung

Aus dem Bericht von Frau Margit Höchstetter aus Liebeswar (Kreis Bischofteinitz), die sechs Jahre alt war, als sich die folgende Geschichte zutrug:

„Wir wurden von Augsburg aus mit dem Viehwagen nach Meitingen transportiert und haben dort vom Roten Kreuz Essen bekommen. [...] Wir sind dann zugeteilt worden in das Haus Nr. 56. Der Eigentümer wollte uns aber nicht nehmen, meine Mutter und zwei kleine Kinder. Mein Vater war in Kriegsgefangenschaft. Das war ein alleinstehender Witwer, der hat sich vor die Haustüre gestellt, mit einem Stock in den Boden gehauen und gesagt, ich lasse niemand rein und noch dazu zwei so kleine Banker [sic!]. Wir sind mit Sack und Pack vor der Haustüre gesessen. Erst der Bürgermeister und ein Polizist haben ihn mit Ach und Krach überzeugt, und der hat dann doch die Tür aufgemacht und uns hereingelassen. Wir haben dann da oben unter dem Dach gewohnt. Er hat unten gewohnt. Nach kurzer Zeit hat sich sein Verhalten uns gegenüber total verändert. Wir haben dann von ihm Holz zum Einheizen bekommen. Er hat uns auch Lebensmittel und Essen gegeben. Später hat er immer zu meiner Mutter gesagt, Anna wenn du was brauchst, kriegt a Mehl und an Zucker für deine Kinder. "[1]

Solche oder ähnliche Szenen – zunächst eine ablehnende Haltung der bereits ansässigen Bevölkerung gegenüber den Flüchtlingen, später ein durchaus menschliches und harmonisches Miteinander – dürften sich nach 1945 in Deutschland oft abgespielt haben. In den drei westlichen Besatzungszonen, aus denen später die Bundesrepublik Deutschland hervorging, mussten etwa 9,4 Millionen entwurzelte Menschen untergebracht werden: 7,6 Millionen Heimatvertriebene, 1,5 Millionen Flüchtlinge aus der SBZ sowie 300.000 Flüchtlinge nichtdeutschen Ursprungs.[2] Viele deutsche Städte waren durch die Bombenangriffe der

---
[1] Zit. nach Doris Pfister/Bernhard Hagel, Vertreibung und neue Heimat. Eine Dokumentation, Augsburg 1995, S. 76.
[2] Vgl. Bundesministerium für Vertriebene (Hrsg.), Die Eingliederung der Flüchtlinge in die deutsche Gemeinschaft. Bericht der ECA Technical Assistance Com-

Alliierten zerstört und damit, die Flüchtlinge oder Vertriebenen – im Folgenden werden die Begriffe synonym gebraucht[3] – wurden deshalb vor allem in agrarisch strukturierte Gegenden verbracht. Anteilsmäßig die meisten „Neubürger" nahm Schleswig-Holstein auf. 1949 waren nahezu 1,2 Millionen Flüchtlinge unterzubringen; zehn Jahre zuvor hatte man in den Stadt- und Landkreisen des Lands 1,5 Millionen Einwohner gezählt. Damit wuchs die Bevölkerung zwischen 1939 und 1949 um 72,8 Prozent. Mit Blick auf die relative Belastung folgt mit weitem Abstand Niedersachsen (rund zwei Millionen Flüchtlinge, Bevölkerungsanstieg von 4,5 auf 6,8 Millionen Menschen). In absoluten Zahlen hat Bayern – zusammen mit Nordrhein-Westfalen – die meisten Flüchtlinge aufgenommen. Die etwa zwei Millionen unfreiwilligen Zuwanderer ließen die Bevölkerung von sieben Millionen auf 9,3 Millionen Einwohner wachsen.[4]

Die lauteste Kritik am Flüchtlingszuzug kam – damals wie heute – aus Bayern. Ministerpräsident Hans Ehard (CSU) führte am 24. Oktober 1947 aus, Bayern sei in „nahezu unerträglicher Weise überbevölkert."[5] Während der Regierungschef noch einigermaßen politisch korrekt formulierte, nahm Jakob Fischbacher, Mitbegründer der Bayernpartei, kein Blatt vor den Mund: „Die Flüchtlinge müssen hinausgeworfen werden, und die Bauern müssen dabei tatkräftig mithelfen". Es sei eine „Blutschande", wenn ein „Bauernsohn [nun] eine norddeutsche Blondine heirate". Landtagspräsident Michael Horlacher, seit 1948 auch stellvertretender CSU-Vorsitzender, machte sich dafür stark, dass

---

mission für die Eingliederung der Flüchtlinge in die deutsche Bundesrepublik, o. O. 1951, S. 14. Vgl. allgemein K. Erik Franzen, Migration als Kriegsfolge: Instrumente und Intentionen staatlicher Akteure nach 1945, in: Jochen Oltmer, (Hrsg.), Handbuch Staat und Migration in Deutschland seit dem 17. Jahrhundert, Berlin 2016, S. 721–739.
[3] Zur Terminologie vgl. Fritz Thomas, Das Recht der Vertriebenen, Dortmund 1950, S. 7 ff.
[4] Zu den Zahlen vgl. Vertriebene und Flüchtlinge volksdeutschen Ursprungs. Bericht eines Sonder-Unterkomitees des Rechtsausschusses des Abgeordnetenhauses in Ausführung von H. Res. 238, einer Entschließung, den Rechtsausschuss autorisiert, eine Untersuchung der Einwanderung und Nationalitätenprobleme vorzunehmen, 24. März 1950, 81. Kongreß, 2. Sitzungsperiode, Bericht-Nr. 1841, Washington 1950, S. 22. Ähnliche Zahlen finden sich in: Bundesministerium für Vertriebene (Hrsg.), Eingliederung der Flüchtlinge in die deutsche Gemeinschaft, S. 34.
[5] Zit. nach Resi Koller, Das Flüchtlingsproblem in der Staatsverwaltung entwickelt am Beispiel der bayerischen Flüchtlingsbetreuung, Tübingen 1949, S. 10.

Bayern den Bayern gehöre. „Neubürger" hätten sich den herrschenden Sitten anzupassen. Andreas Schachner (Bayernpartei) setzte noch einen drauf: Es bedienten sich so viele Fremde an den bayerischen Futterkrippen, „dass Pogrome nötig wären um die Gerechtigkeit wiederherzustellen"[6]. Es gab damals also keine „Willkommenskultur", denn wenn maßgebliche Politiker sich derart fremdenfeindlich äußerten, kann man davon ausgehen, dass dies in etwa der Stimmung in der Bevölkerung entsprach.

2. Angemessene Wohnungsversorgung als Hauptproblem

Das Hauptproblem bei der Versorgung der Flüchtlinge war es, Wohnungen zu finden. Durch den Krieg war ohnehin jedes fünfte Wohnhaus zerstört; vor allem die Großstädte hatte es hart getroffen.[7] Die Versorgung mit Wohnraum war in Bayern bereits vor dem Krieg nicht in allen Gegenden zufriedenstellend gewesen. Nach Kriegsende hatten zudem die Besatzungstruppen zahlreiche Lager und Unterkünfte beschlagnahmt. Als strukturschwache „Notstandsgebiete" galten die Oberpfalz und der Bayerische Wald.[8]

Die Regelungsinstrumente, mit denen man das Flüchtlingselend in den Griff zu bekommen hoffte, ähneln den heutigen. Zunächst wurden an den Grenzen Auffanglager eingerichtet, in Bayern etwa in Furth im Wald und in Wiesau. Von dort aus erfolgte die Verteilung in Regierungsauffang- und Kreislagerstellen. Aufgrund der geografischen Lage kamen besonders viele Flüchtlinge in Bayern an, die allerdings nicht alle im Freistaat blieben, sondern anderen westdeutschen Ländern zugewiesen wurden. Nicht wenige Flüchtlinge kamen in Bunkern oder Lagern unter. Die dortigen Zustände kann man sowohl nach heutigen als auch nach damaligen Maßstäben nur als „menschenunwürdig" bezeichnen.[9] Mangels eines ansonsten verfügbaren Bestands an öffentlichen Gebäuden musste auch auf Privatquartiere zurückgegriffen werden, zumal allein im April 1946 täglich 8000 neue Flüchtlinge nach Bayern kamen.

---

[6] Alle Zitate nach Carsten Höfer, „Die Flüchtlinge müssen hinausgeworfen werden", in: Die Welt, 12.10.2015.

[7] Vgl. Vertriebene und Flüchtlinge volksdeutschen Ursprungs, S. 40: 17 Prozent der 1939 vorhandenen Wohnungen in Westdeutschland waren völlig zerstört, 21 Prozent beschädigt.

[8] Vgl. hierzu und zum Folgenden Koller, Flüchtlingsproblem, S. 11 und 15 f.

[9] Vgl. Vertriebene und Flüchtlinge volksdeutschen Ursprungs, S. 44.

Das erste „Flüchtlingsgesetz" war wohl das sogenannte Flüchtlingsnotgesetz vom 14. Dezember 1945 – eine Generalermächtigung für den zuständigen Staatskommissar[10], alle Maßnahmen zu ergreifen, die geeignet erschienen, die Notstände in der Unterbringung, der Ernährung und der Bekleidung der Flüchtlinge zu beheben.[11] Eine Anordnung des Staatskommissars vom 10. Juni 1946 ermöglichte ausdrücklich den Rückgriff auf das Polizei- und Ordnungsrecht[12]: Wohnräume konnten beschlagnahmt, Flüchtlinge (im Gesetz war von „Quartiernehmern" die Rede) zwangsweise eingewiesen werden. Renitenten Haus- und Wohnungsbesitzern drohten Geldbußen bis 10.000 RM oder Gefängnisstrafen bis zu fünf Jahren. Schluss war es also mit der angeblich von den Bayern so geschätzten „Königlich-Bayerischen Ruah" in den eigenen Wänden. Statistisch mussten sich zwei Einwohner ein Zimmer teilen, Einrichtungen wie Küche, Bäder oder Toiletten waren gemeinsam zu benutzen. Landsmannschaftliche Eigenarten, konfessionelle Differenzen und fehlendes Verständnis kamen erschwerend hinzu, wie das folgende Zitat aus einer 1949 erschienenen Monografie zeigt:

„Bei den übereilten Einquartierungen der Flüchtlinge konnte [...] auch keine Rücksicht auf soziale Unterschiede genommen werden. So kam es, dass heute z. B. Leute aus Siebenbürgen, die früher nie in einer Stadt gelebt haben, in einer ausgesprochenen Stadtwohnung ohne Balkon, Garten, Sonnenschein und Betätigungsmöglichkeit in freier Natur, sich totunglücklich fühlen. Ebenso wenig fühlt sich eine Verkäuferin aus Breslau oder Königsberg in dem kleinen bayerischen Dorf ohne Kino und ‚Betrieb' befriedigt und bandelt aus Langeweile und anderen Gründen mit dem Bauernburschen an, wodurch manche verdorben und von der Arbeit abgehalten werden."[13]

Was ist daran nun juristisch beziehungsweise rechtshistorisch interessant? Vor allem bestätigte sich schon damals die Funktion des Polizei- und Sicherheitsrechts als eine Art „Reserverecht". Verfassungsrechtlich gewünscht sind eigentlich möglichst bestimmte spezialgesetzliche Eingriffsermächtigungen. Aber wo es diese nicht, nicht mehr oder noch nicht gibt, kann auf das Polizei- und Sicherheitsrecht zurückgegriffen werden, bis der Gesetzgeber eine spezialgesetzliche

---

[10] Der Staatskommissar für Flüchtlingswesen war dem Staatsministerium des Inneren zugeordnet; vgl. Pfister/Hagel, Vertreibung und neue Heimat, S. 31.
[11] Vgl. Thomas, Recht der Vertriebenen, S. 15. Das Flüchtlingsnotgesetz ist abgedruckt in: Pfister/Hagel, Vertreibung und neue Heimat, S. 33.
[12] Vgl. Koller, Flüchtlingsproblem, S. 18. Die Regelungen wurden später präzisiert; vgl. ebd., S. 22.
[13] Ebd., S. 26.

Grundlage geschaffen hat. Das gab es auch in der Folgezeit immer wieder, auch Jahrzehnte später, etwa bei der Sanierung von Altlasten vor Inkrafttreten des Bundesbodenschutzgesetzes.[14]

3. Die weitere Entwicklung

Mit der Währungsreform von 1948 und dem daraufhin einsetzenden Wirtschaftsaufschwung entspannte sich allmählich auch die Lage auf dem Wohnungsmarkt. 1949 konstituierte sich die Bundesrepublik Deutschland, der erste deutsche Bundestag wurde gewählt, und es gab damit wieder einen demokratisch legitimierten Gesetzgeber. Das Grundgesetz sah in Art. 119 für das noch immer drängende Flüchtlingsproblem eine Art Notstandsrecht vor: Die Bundesregierung konnte ohne ausdrückliche gesetzliche Ermächtigung Verordnungen erlassen. Hiervon machte sie sechsmal Gebrauch, wobei es vor allem um die Unterbringung und Umverteilung von Flüchtlingen im Bundesgebiet ging.[15] So verteilte der Bund durch Rechtsverordnung die Flüchtlinge um: aus besonders belasteten Bundesländern wie Bayern, Niedersachsen und Schleswig-Holstein nach Südwestdeutschland.

Dann führte der Bundesgesetzgeber am Ende der ersten Legislaturperiode mit dem Wohnraumbewirtschaftungsgesetz (WohraumBewG) ein Regelwerk ein, das heutigen rechtsstaatlichen Vorstellungen schon recht nahe kam.[16] Es füllte bereits neun Seiten im Bundesgesetzblatt und regelte in 37 Paragrafen vergleichsweise detailliert, welche Befugnisse den Behörden zustanden. Die Befugnisse nach dem Ordnungsrecht, wonach in besonderen Notfällen vorübergehend Wohnraum in Anspruch genommen werden konnte, waren zwar weiter anwendbar (§ 2 Abs. 4 WohraumBewG), die eigentliche Wohnraumversorgung wurde aber auf eigene gesetzgeberische Füße gestellt. Wohnraum unterstand grundsätzlich der öffentlichen Bewirtschaftung (§ 1 WohnraumBewG); die Benutzung von Wohnraum und die Überlassung zur Benutzung waren genehmigungspflichtig; im Vordergrund stand das Ziel, freien oder unterbelegten Wohnraum Wohnungssuchenden zur Verfügung zu stellen. Eigentümerinteressen wurden aber in an-

---

[14] Vgl. BGBl. 1998 I, S. 502: Gesetz zum Schutz vor schädlichen Bodenveränderungen und zur Sanierung von Altlasten vom 17.3.1998.
[15] Vgl. Johannes Masing, Artikel 119: Flüchtlinge und Vertriebene, in: Horst Dreier (Hrsg.), Grundgesetz Kommentar, Bd. 3, Tübingen ²2008, S. 1289–1295.
[16] Vgl BGBl. 1953 I, S. 97–105: Wohnraumbewirtschaftungsgesetz vom 31.3.1953.

gemessenem Umfang berücksichtigt. Es gab Ausnahmeregelungen, den Eigentümern wurden gewisse Wahlmöglichkeiten bezüglich der zugewiesenen Wohnungssuchenden eingeräumt, und bei Doppelwohnungen durfte der Eigentümer bestimmen, in welcher Wohnung er wohnen wollte. Manches erinnert bereits an Regelungen, die wir aus dem sozialen Mietrecht des Bürgerlichen Gesetzbuchs – Stichwort: Eigenbedarfskündigungen – kennen.

Zu ersten Rechtsstreitigkeiten kam es schon Ende der 1940er Jahre. Auch das 1953 erlassene Wohnraumbewirtschaftungsgesetz war durchaus streitträchtig. Die Rechtsstreitigkeiten wurden von der Verwaltungsgerichtsbarkeit aber meist sachgerecht entschieden, wie einige Beispiele aus der Rechtsprechung vor und nach 1949 zeigen[17]: Die Beschlagnahme eines gewerblichen Raums zugunsten eines Flüchtlings, um dessen wirtschaftliche Existenz zu sichern, wurde als unzulässig angesehen.[18] So weit ging die „Liebe" der Verwaltung und des Gesetzgebers also nicht. Die Flüchtlinge sollten Wohnungen erhalten, nicht auch gewerblich genutzten Raum. Als unwirksam angesehen wurde die Zusage eines Oberbürgermeisters an einen Eigentümer, überschüssige Räume einer Wohnung nicht zu erfassen.[19] Alles andere hätte dazu geführt, dass im Wege der ortspolitischen Klüngelei die Erfassung notwendigen Wohnraums unterblieben wäre. Entschieden wurde auch, dass ein Schriftsteller einen Raum benötigte, in dem er ungestört und ungehindert seiner Arbeit nachgehen konnte.[20] Schließlich durfte eine frühere NSDAP-Mitgliedschaft nicht dazu führen, jemanden stärker in Anspruch zu nehmen als dies gesetzlich vorgesehen war.[21] Nur im Rahmen der Ermessensausübung konnten diejenigen zuvörderst heran-

---

[17] Zum „Eigentümerprivileg" vgl. das Urteil des Bundesverwaltungsgerichts (BVerwG) vom 8.7.1957 – BVerwG V C 213 und 214/55, sowie allgemein Michael Steiner, Die Anfänge der Verwaltungsrechtsprechung nach dem Krieg anhand ausgewählter Entscheidungen des Bayerischen Verwaltungsgerichtshofs, in: Bayerische Verwaltungsblätter 129 (1998), S. 263–271, hier S. 263.

[18] Vgl. Bayerischer Verfassungsgerichtshof, Urteil vom 21.7.1949, in: DÖV 3 (1950), S. 692.

[19] Vgl. Bayerischer Verfassungsgerichtshof, Urteil vom 21.10.1954, in: DÖV 8 (1955), S. 416.

[20] Vgl. Bayerischer Verfassungsgerichtshof, Urteil vom 4.11.1948, in: Sammlung von Entscheidungen des Bayerischen Verwaltungsgerichtshofs mit Entscheidungen des Bayerischen Verfassungsgerichtshofs N. F. 1 (1947/1948), S. 110.

[21] Vgl. Bayerscher Verfassungsgerichtshof, Urteil vom 23.3.1948, in: DÖV 2 (1949), S. 136 f.

gezogen werden, die als frühere Parteimitglieder – und gerade deshalb – in komfortablen Wohnverhältnissen lebten. Auch diese Entscheidung würde man aus heutiger Sicht richtig finden. Gegnern oder früheren Gegnern des Rechtsstaats darf nur mit den Mitteln des Rechtsstaats begegnet werden – und der Aspekt der Rache rechtfertigt eine Abweichung von gesetzlichen Grundlagen eben nicht.

Die damalige Rechtsprechung kann sich also auch durch die heutige Brille betrachtet sehen lassen. Angemessenen Verwaltungsrechtsschutz musste man nicht vollkommen neu erfinden, es gab schon eine längere Entwicklung in diese Richtung, die durch die NS-Zeit nur unterbrochen worden war. Methodisch standen zwei Aspekte im Vordergrund: eine eigentümerfreundliche Auslegung von Normen sowie die Konkretisierung des rechtsstaatlichen Grundsatzes der Verhältnismäßigkeit. Auch die Zivilgerichte zeigten sich häufig eigentümerfreundlich. Die Entschädigungspflicht beim sogenannten enteignungsgleichen Eingriff etablierte sich auch an Fällen der rechtswidrigen Wohnungseinweisung. Der Bundesgerichtshof sah dabei durchaus ein Bedürfnis nach einer möglichst eigentümerfreundlichen Auslegung des Entschädigungsrechts. Vor allem wurden neben dem Staat auch die Gemeinden als Schuldner eventueller Ausgleichsansprüche angesehen, denen es oblag, die staatlich zugewiesenen Flüchtlinge unterzubringen.[22] Auch wurde kein Bedürfnis erkannt, den Eigentümer nur so zu entschädigen, als wäre die Maßnahme rechtmäßig gewesen (keine Abwägung von Interessen entsprechend Art. 14 Abs. 1 Satz 3 GG).[23]

4. Die Bedeutung der verfassungsrechtlichen Eigentumsgarantien

Die verfassungsrechtliche Eigentumsgarantie hat damit nach 1945 eine interessante Entwicklung genommen. Zunächst war sie weitgehend bedeutungslos – aus der Sicht der damaligen Zeit nur verständlich. Zehn Millionen Flüchtlinge und Vertriebene hatten von ihrem Eigentum wenig mehr behalten als die langsam zu Fetzen zerfallende Kleidung, die sie am Leib trugen. Es erschien wenig angemessen, behördlichen Versuche, ihnen ein Dach über dem Kopf zu verschaffen, mit dem Argument der Eigentumsgarantie entgegen zu treten. Zudem war der verfassungsrechtliche Schutz des Eigentums vor allem

---

[22] Vgl. Bundesgerichtshof, Urteil vom 1.6.1954 – III ZR 9/53.
[23] Vgl. Bundesgerichtshof, Urteil vom 10.6.1954 – III ZR 89/53.

auch in der bayerischen Verfassung sehr zurückhaltend formuliert. Art. 103 Abs. 1 enthält eine Garantie von „Eigentumsrecht" und „Erbrecht" – wohl zunächst vor allem als institutionelle Garantie. Abs. 2 verpflichtet Eigentumsordnung und Eigentumsgebrauch „auch dem Gemeinwohl". Wenig später folgt bereits das aus heutiger Sicht kollidierende Grundrecht: Nach Art. 106 Abs. 1 der bayerischen Verfassung hat jeder Bewohner Bayerns „Anspruch auf eine angemessene Wohnung". Wohlgemerkt: „jeder Bewohner Bayerns", nicht „alle Bayern". Die bayerische Eigentumsverfassung wird noch ergänzt durch die Art. 158 bis 162, die Sozialbindung, Möglichkeit von Enteignung und Sozialisierung thematisieren. Die bayerische Verfassung war so wenig wie das Grundgesetz dafür gedacht, die Reichen vor den Armen zu schützen.

Später entspannte sich die Situation, es wurden Wohnungen geschaffen, der Staat hatte mehr und mehr die Möglichkeit, finanzielle Fördermaßnahmen zu ergreifen. Damit konnte dann auch die Eigentumsgarantie wieder Wirkungen entfalten, die dem heutigen Verständnis durchaus nahe kommen. Dies geschah aber interessanterweise nur ansatzweise unter Bezugnahme auf die verfassungsrechtliche Eigentumsgarantie. In den Entscheidungen der Verwaltungsgerichtsbarkeit findet sich regelmäßig kein Hinweis auf die Eigentumsgarantie von Art. 14 des Grundgesetzes. Der Eigentumsschutz erfolgte quasi konkludent, bei der Anwendung der Normen, ohne dass irgendjemand auf die Idee gekommen wäre, dies sei eine „verfassungsorientierte" oder „verfassungskonforme" Auslegung. Die Richter waren offensichtlich geprägt von einem liberal-bürgerlichen Eigentumsverständnis. Einschränkungen des Eigentums sind zumutbar, und zwar in dem Maße, in dem dies unter Beachtung des Grundsatzes der Verhältnismäßigkeit vertretbar ist. Große Not rechtfertigte tiefe Einschnitte; sobald sich die Situation entspannte, erhöhten sich auch die Anforderungen an die Inanspruchnahme privater Eigentümer.

Versucht man ein kurzes Fazit, so kann man feststellen: Verwaltung und Justiz haben nach 1945 einen wichtigen Beitrag zur Integration von Vertriebenen und Flüchtlingen geleistet, und zwar vor allem dadurch, dass sie angemessene Lösungen gefunden haben für den notwendigen Interessenausgleich. Sie wirkten sozusagen auch in schwierigen Zeiten friedensstiftend. Notfalls musste und durfte die Polizei eingreifen. Aber zumeist war dies glücklicherweise nicht nötig.

Simon Naczinsky
Integration durch Leistungen nach dem Lastenausgleichsgesetz?

1. Einleitung

Nach dem Ende des Zweiten Weltkriegs traten die Zerstörungen in aller Deutlichkeit zu Tage. Allein für die Bevölkerung des geschlagenen nationalsozialistischen Deutschen Reichs ergab sich schon aus wirtschaftlicher Sicht eine erschreckende Bilanz. So waren Millionen „Volksdeutsche"[1], vornehmlich aus den Gebieten des Reichs östlich der Oder-Neiße-Linie, auf der Flucht und sahen sich gezwungen, den größten Teil ihres Vermögens zurückzulassen. Dies betraf den flüchtenden Landwirt, der Haus und Hof zurückließ, den selbstständigen Unternehmer, der seinen Betrieb aufgeben musste und den Arbeitnehmer, der seinen Arbeitsplatz verlor, gleichermaßen. Daneben waren auch diejenigen schwer betroffen, die zwar nicht flüchten mussten, deren Wohnungen und Existenzgrundlagen aber durch Bomben und Granaten zerstört worden waren.

Diesen Totalgeschädigten stand die Bevölkerungsgruppe gegenüber, die es geschafft hatte, ihr Vermögen (weitgehend) unbeschadet durch den Krieg zu retten. Um diesem wirtschaftlichen Ungleichgewicht zu begegnen und die Lasten der Kriegsschäden sowohl auf den Schultern der Vermögenden als auch auf den Schultern der Geschädigten gerecht zu verteilen, wurden Gesetze erlassen, die mit unterschiedlicher Zielrichtung einen Lastenausgleich im weiteren Sinn herbeiführen sollten.[2] Beispielhaft genannt sei das Soforthilfegesetz

---

[1] Trotz der nationalsozialistischen Konnotation stellt das Lastenausgleichsgesetz bei der Definition der Vertriebenen auf die „deutsche Volkszugehörigkeit" ab. Zum Begriff „Volksdeutsche" vgl. auch Doris L. Bergen, The Nazi Concept of „Volksdeutsche" and the Exacerbation of Anti-Semitism in Eastern Europe, 1939–45, in: JCH 29 (1994), S. 569–582.

[2] Das von der amerikanischen und britischen Militärregierung erlassene Gesetz Nr. 61: Erstes Gesetz zur Neuordnung des Geldwesens (Währungsgesetz) sowie gleichlaufend die Verordnung Nr. 138 der französischen Militärregierung übertrugen den deutschen gesetzgebenden Stellen die Regelung des Lastenausgleichs als „vordringliche", bis zum 31. 12. 1948 zu lösende Aufgabe; Gesetz- und Verordnungsblatt des Wirtschaftsrates des Vereinigten Wirtschaftsgebietes 1948, Beilage 5, S. 1.

(SHG)³, das dazu diente, die in Not geratenen Menschen im Vereinigten Wirtschaftsgebiet durch Unterhalts-, Ausbildungs-, Aufbau-, Hausrat-, und Gemeinschaftshilfe (§ 32 Abs. 1 SHG) schnell zu unterstützen. Um die notwendigsten Bedürfnisse der Notleidenden zu befriedigen hatte das SHG vorläufigen Charakter und sollte später durch weiter reichende Regelungen abgelöst werden, die auf eine Schadenskompensation abzielten.⁴ Zur Abwicklung des endgültigen Lastenausgleichs beschloss schließlich der Bundestag am 14. August 1952 – knappe drei Jahre nach der Einführung des SHG durch den Wirtschaftsrat des Vereinigten Wirtschaftsgebietes – mit Zustimmung des Bundesrats das Lastenausgleichsgesetz (LAG).⁵ Dabei setzte § 1 als Ziel des Lastenausgleichs fest:

„Die Abgeltung von Schäden und Verlusten, die sich infolge der Vertreibungen und Zerstörungen der Kriegs- und Nachkriegszeit ergeben haben, sowie die Milderung von Härten, die infolge der Neuordnung des Geldwesens im Geltungsbereich des Grundgesetzes einschließlich Berlin (West) eingetreten sind, bestimmt sich nach diesem Gesetz; die erforderlichen Mittel werden nach Maßgabe dieses Gesetzes aufgebracht (Lastenausgleich)."

Zu diesem Zweck regelte das LAG, wem Ausgleichsleistungen gewährt werden konnten, wie diese ausgestaltet waren, wie der zu ersetzende Schaden zu berechnen war und wer Abgaben zu leisten hatte.

2. Die Präambel des Lastenausgleichsgesetzes

a) Durch Krieg und Kriegsfolgen besonders betroffene Bevölkerungsteile

Das am 1. September 1952 in Kraft getretene Lastenausgleichsgesetz beinhaltete folgende Präambel⁶:

---

³ Vgl. WiGBl. 1949, S. 205.: Gesetz zur Milderung dringender sozialer Notstände (Soforthilfegesetz) vom 8.8.1949.
⁴ Bundesausgleichsamt (Hrsg.), 50 Jahre Lastenausgleichsgesetz 1952–2002. Bilanz einer einmaligen Solidarleistung des deutschen Volkes, Bad Homburg von der Höhe 2002, S. 13 f.
⁵ Vgl. BGBl. 1952 I, S. 446: Gesetz über den Lastenausgleich (Lastenausgleichsgesetz) vom 14.8.1952; die folgenden Zitate finden sich ebd. Zusammenfassend zur Entwicklung des LAG vgl. Wolfgang Rüfner, Ausgleich von Kriegs- und Diktaturfolgen, in: Günther Schulz (Hrsg.), Bundesrepublik Deutschland 1949–1957. Bewältigung der Kriegsfolgen, Rückkehr zur sozialpolitischen Normalität, Baden-Baden 2005 (Geschichte der Sozialpolitik in Deutschland seit 1945, Bd. 3), S. 690–757, hier S. 723–757.
⁶ Gemäß § 375 Abs. 1 Satz 1 LAG trat das Gesetz mit dem 14. Tage nach Ablauf des

„In Anerkennung des Anspruchs der durch den Krieg und seine Folgen besonders betroffenen Bevölkerungsteile auf einen die Grundsätze der sozialen Gerechtigkeit und die volkswirtschaftlichen Möglichkeiten berücksichtigenden Ausgleich von Lasten und auf die zur Eingliederung der Geschädigten notwendige Hilfe sowie unter dem ausdrücklichen Vorbehalt, daß die Gewährung und Annahme von Leistungen keinen Verzicht auf die Geltendmachung von Ansprüchen auf Rückgabe des von den Vertriebenen zurückgelassenen Vermögens bedeutet, hat der Bundestag mit Zustimmung des Bundesrates das nachstehende Gesetz beschlossen."

Ausgehend von dieser Leitlinie, die der Gesetzgeber dem LAG voranstellte, ist der Gesetzestext zu untersuchen. Dabei werden die grundsätzlichen Regelungen des Gesetzes – soweit möglich – ihrem korrespondierenden Teil in der Präambel zugeordnet. Die Präambel gibt schon einen Hinweis darauf, wer durch das LAG begünstigt werden sollte. Den „[d]urch den Krieg und seine Folgen besonders betroffene[n] Bevölkerungsteile[n]" sollten Ausgleichsleistungen zukommen. Voraussetzung, um Leistungen nach Maßgabe des LAG zu erhalten, war daher die Geschädigteneigenschaft.

Nach § 229 Abs. 1 Satz 1 Halbsatz 1 wurden Ausgleichsleistungen an Geschädigte[7] gewährt, die gemäß Abs. 2 nur natürliche Personen sein konnten. Um bestimmen zu können, ob jemand Geschädigter war, musste ein ausgleichsfähiger Schadenstatbestand vorliegen (§ 228 Abs. 1 LAG). Dieser umfasste Vertreibungsschäden (§ 12 LAG), Kriegssachschäden (§ 13 LAG), Ostschäden (§ 14 LAG) und Sparerschäden (§ 15 LAG). In der ursprünglichen Fassung des Gesetzes fehlte noch der Schadenstatbestand des Zonenschadens (§ 15a LAG), der 1969 nachträglich eingefügt wurde.[8]

Kriegssachschäden waren gemäß § 13 Abs. 1 LAG Schäden, die in der Zeit vom 26. August 1939 bis zum 31. Juli 1945 unmittelbar durch Kriegshandlungen (zum Beispiel durch Einwirkung von Waffen) an Wirtschaftsgütern, die zum land- und forstwirtschaftlichem Vermögen, zum Grundvermögen oder zum Betriebsvermögen im Sinne des Bewertungsgesetzes gehörten, entstanden waren. Daneben wurden

---

Tages seiner Verkündung in Kraft. Das BGBl. 1952 I, Nr. 34, wurde am 18. 8. 1952 ausgegeben.

[7] Als Geschädigte gelten gemäß § 229 Abs. 1 Satz 2 LAG der unmittelbar Geschädigte und, falls dieser vor dem 1. April 1952 verstorben ist, seine Erben.

[8] BGBl. 1969 I, S. 1232: 21. Gesetz zur Änderung des Lastenausgleichsgesetzes vom 18. 8. 1969; von einer weiteren Darstellung der Zonenschäden soll in diesem Zusammenhang abgesehen werden.

auch Schäden an Gegenständen, die für die Berufsausübung oder für die wissenschaftliche Forschung erforderlich waren, und Schäden an Hausrat (§ 13 Abs. 1 Nr. 2 LAG) entschädigt, ebenso der Verlust von Wohnraum und der Verlust der beruflichen oder sonstigen Existenzgrundlage. Eingeschränkt wurde der Kreis der Kriegssachgeschädigten durch § 228 Abs. 2 LAG, wonach nur solche Kriegssachschäden ausgeglichen wurden, die im Geltungsbereich des Grundgesetzes oder in Berlin (West) entstanden.

Ostschäden hingegen waren gemäß § 14 Abs. 1 LAG Schäden, die einer Person entstanden, die nicht die Vertriebeneneigenschaft (§ 11 LAG) aufwies und am 31. Dezember 1944 ihren Wohnsitz im Gebiet des Deutschen Reichs (Gebietsstand vom 31. Dezember 1937) hatte. Die Schäden mussten dabei im Zusammenhang mit dem Zweiten Weltkrieg durch Vermögensentziehung oder als Kriegssachschaden an bestimmten Wirtschaftsgütern in den ehemaligen Reichsgebieten östlich von Oder und Neiße entstanden sein. Im Gegensatz zu der Beurteilung bei den Kriegssachschäden war der Begriff der Wirtschaftsgüter bei den Ostschäden umfassender. So fielen nicht nur Schäden an „Sachvermögen", sondern auch an gewissem „Finanzvermögen" darunter. Als Ostschaden galt daher ein Verlust von Reichsmarkspareinlagen und von anderen privatrechtlichen geldwerten Ansprüchen. § 14 Abs. 1 LAG verwies an dieser Stelle im großen Umfang auf die entschädigungsfähigen Wirtschaftsgüter im Rahmen der Vertreibungsschäden gemäß § 12 Abs. 1 LAG. Unter Sparerschäden verstand man Vermögenseinbußen durch Minderung des Nennbetrags der Sparanlagen als Folge der Neuordnung des Geldwesens im Geltungsbereich des Grundgesetzes einschließlich Berlin (West) (§ 15 LAG).

Während sich die Geschädigteneigenschaft im Rahmen der Kriegssach-, Ost- und Sparerschäden grundsätzlich aus der unmittelbaren Schädigung im Sinne der jeweiligen Vorschrift ableitete, erforderte sie bei den Vertreibungsschäden noch ein persönliches Merkmal. Voraussetzung für die Geltendmachung von Vertreibungsschäden war, dass der Geschädigte die Vertriebeneneigenschaft nach § 11 LAG aufwies und am 31. Dezember 1950[9] seinen ständigen Aufenthalt im Geltungsbereich des Grundgesetzes oder in Berlin (West) hatte (§ 230 Abs. 1,

---

[9] So die ursprüngliche Fassung des § 230 Abs. 1 LAG (vgl. BGBl. 1952 I, S. 503); im Zuge des 4. Änderungsgesetzes des LAG (vgl. BGBl. 1955 I, S. 404) wurde der maßgebliche Stichtag auf den 31.12.1952 festgesetzt.

Integration durch Leistungen nach dem Lastenausgleichsgesetz? 49

4 LAG). Vertriebener im Sinne von § 11 Abs. 1 LAG war grundsätzlich, wer als deutscher Staatsangehöriger oder „deutscher Volkszugehöriger" in den deutschen Gebieten östlich der Oder-Neiße-Linie oder in den Gebieten außerhalb der Grenzen des Deutschen Reichs nach dem Gebietsstand vom 31. Dezember 1937 gewohnt und seinen Wohnsitz im Zusammenhang mit den Ereignissen des Zweiten Weltkriegs infolge Vertreibung, Ausweisung oder Flucht verloren hatte.

Zwingende Voraussetzung für die Feststellung der Geschädigteneigenschaft und folglich für die Gewährung von Ausgleichsleistungen war die Feststellung des Schadens (§ 235 LAG). Da sich der Gesetzgeber unter anderem für eine quotale Entschädigung[10] entschied, war es gerade notwendig, den tatsächlich entstandenen Schaden feststellen zu können. Maßstab dafür war das Gesetz über die Feststellung von Vertreibungsschäden und Kriegssachschäden, kurz Feststellungsgesetz genannt.[11] Bei der Schadensfeststellung stellte sich aber das Problem, wie man den erheblichen Beweisschwierigkeiten begegnen sollte. Im Hinblick auf die Schäden der Vertriebenen aus den verlorenen Reichsgebieten im Osten mussten Stellen mit besonderer Sachkunde und besonderen Ortskenntnissen geschaffen werden, die den Anforderungen an jene Schadensfeststellung gewachsen waren. Zu diesem Zwecke wurden sogenannte Heimatauskunftsstellen bei den Landesfeststellungsbehörden eingerichtet. Deren Aufgabe war es, eben jene Informationen über Vertreibungsschäden mit Hilfe von Sachverständigen und Zeugen einzuholen (§§ 24 f. Feststellungsgesetz). Auch reichte grundsätzlich die Glaubhaftmachung der erlittenen Schäden aus (§ 35 Feststellungsgesetz, § 331 LAG), soweit Kriegssach-, Vertriebenen- und Ostschäden in Frage standen. Eine Ausnahme galt für die Feststellung von Verlusten, die an Sparguthaben Vertriebener entstanden. Diese waren (§ 304 LAG, § 8 Abs. 1 WAG) grundsätzlich durch Urkunden zu beweisen.[12] Die Bewertung beziehungsweise Berechnung des zu ersetzenden Schadens erfolgte hinsichtlich der Vertreibungs- und Kriegssachschäden an land- und forstwirtschaftlichem Vermögen, Grundvermögen und Betriebsvermögen auf Basis des Einheitswerts, der diesem

---

[10] Vgl. dazu unten, Abschnitt 2 d).
[11] Vgl. BGBl. 1952 I, S. 237.
[12] Vgl. BGBl. 1952 I, S. 213: Gesetz über einen Währungsausgleich für Sparguthaben Vertriebener (Währungsausgleichsgesetz – WAG); Bundesausgleichsamt (Hrsg.), 50 Jahre Lastenausgleichsgesetz, S. 32.

Vermögen aufgrund des Reichsbewertungsgesetzes von 1934 zukam (§§ 12 ff. Feststellungsgesetz).

b) Anerkennung des Anspruchs

Das LAG wurde beschlossen in „Anerkennung des Anspruchs [...] auf [...] Ausgleich von Lasten und auf die zur Eingliederung der Geschädigten notwendigen Hilfe", um noch einmal die Präambel zu zitieren. Nach der Rechtsprechung[13] handelte es sich dabei allerdings um keinen originären Anspruch der Geschädigten, dessen Umfang lediglich vom LAG bestimmt wurde. Erst das LAG an sich begründete diesen Anspruch. Bei wörtlicher Auslegung dieses Teils der Präambel ergibt sich, dass die Geschädigten einen Rechtsanspruch sowohl auf Ausgleich der ihnen entstandenen Schäden hatten als auch auf Leistungen, die ihrer Integration in das soziale Gefüge dienten. Ein so uneingeschränkter Rechtsanspruch auf Ausgleichsleistungen findet sich aber nicht im LAG. Bereits im Vorfeld der Beratungen über den endgültigen Lastenausgleich wurden bestimmte Leistungen begrenzt; sie sollten sich nach den verfügbaren Mitteln richten, ohne eine konkrete Summe zuzusichern.[14] Das Ergebnis dieser Begrenzung schlug sich in § 231 LAG nieder, der zwischen Ausgleichsleistungen mit Rechtsanspruch (§ 232 LAG) und solchen ohne Rechtsanspruch (§ 233 LAG) differenzierte. Unter erstere fallen Hauptentschädigung, Kriegsschadenrente, Hausratsentschädigung sowie Entschädigung im Währungsausgleich für Sparguthaben Vertriebener. Kernstück des Lastenausgleichs sollte dabei die Hauptentschädigung darstellen, deren Aufgabe die Kompensation des erlittenen Schadens war.[15] Leistungen ohne Rechtsanspruch waren vornehmlich solche mit Eingliederungscharakter. Im Einzelnen handelte es sich dabei um Eingliederungsdarlehen, Wohnraumhilfe, Leistungen aus den Härtefonds und Leistungen aufgrund sonstiger

---

[13] So das Bundesverwaltungsgericht in seinem Urteil vom 27.2.1969 – BVerwG III C 190/67, abgedruckt in: VerwRspr 22 (1971), S. 494 ff., hier S. 494 und 496.
[14] Vgl. den Bericht der Gutachterkommission für den Lastenausgleich vom Januar 1950, abgedruckt in: Bundesminister für Vertriebene, Flüchtlinge und Kriegsgeschädigte (Hrsg.), Die Lastenausgleichsgesetze. Dokumente zur Entwicklung des Gedankens, der Gesetzgebung und der Durchführung, Bd. I/2: Der Regierungsentwurf eines Gesetzes über einen allgemeinen Lastenausgleich, Bonn 1966, S. 224–233.
[15] Vgl. die Begründung zum Entwurf eines Gesetzes über einen Allgemeinen Lastenausgleich, abgedruckt in: ebd., S. 690–864, hier S. 826.

Förderungsmaßnahmen. Eine Ausnahme bildete die Kriegsschadenrente (§§ 261 ff. LAG). Diese stellte eine Ausgleichsleistung mit Rechtsanspruch dar, war aber ihrem Regelungsgehalt nach eine typische Eingliederungshilfe, da soziale Gesichtspunkte bei ihrer Gewährung überwogen.

c) Die Kehrseite des Anspruchs

Für die Finanzierung des Lastenausgleichs war es nötig, entsprechende Mittel bereitzustellen. Zur Durchführung der umfassenden Vermögensumverteilung im Rahmen des LAG wurde deshalb ein Sondervermögen eingerichtet, der Ausgleichsfonds (§ 5 LAG).[16] In diesen vom öffentlichen Haushalt getrennten und somit auch nicht dessen Schwankungen – negativen wie positiven – unterworfenen Ausgleichsfonds flossen die erhobenen Ausgleichsabgaben. Den zuerkannten Ausgleichsleistungen auf der Ausgabenseite mussten Ausgleichsabgaben auf der Einnahmenseite gegenüberstehen. Ein Lastenausgleich – im Sinne der gerechten Verteilung der Lasten – wäre nämlich auf andere Weise unter keinen Umständen finanziell tragbar gewesen, angesichts des Ausmaßes der Zerstörung und der Anzahl der zu entschädigenden und einzugliedernden Flüchtlinge. Durch Ausgleichsabgaben sollten gerade diejenigen finanziell belastet werden, deren Vermögen den Krieg relativ unbeschadet überstanden oder deren Vermögen sich in dieser Zeit sogar gemehrt hatte. Gemäß § 3 LAG wurden als Ausgleichsabgaben eine einmalige Vermögensabgabe, eine Hypothekengewinnabgabe und eine Kreditgewinnabgabe erhoben.

Die Vermögensabgabe in Form der unbeschränkten Abgabepflicht (§ 16 LAG) traf grundsätzlich alle natürlichen Personen, Körperschaften, Personenvereinigungen und Vermögensmassen[17], die am Stichtag 21. Juni 1948 ihren gewöhnlichen Aufenthalt, ihre Geschäftsleitung

---

[16] Das von der amerikanischen und britischen Militärregierung erlassene Gesetz Nr. 63: Drittes Gesetz zur Neuordnung des Geldwesens (Umstellungsgesetz – UG) vom 20. Juni 1948 sowie gleichlaufend die Verordnung Nr. 160 der französischen Militärregierung schrieben in § 29 die Errichtung dieses Sonderfonds zwingend vor; Gesetz- und Verordnungsblatt des Wirtschaftsrates des Vereinigten Wirtschaftsgebietes 1948, Beilage 5, S. 19.

[17] Welche Körperschaften, Personenvereinigungen und Vermögensmassen grundsätzlich unbeschränkt abgabepflichtig waren, bestimmte § 16 Abs. 1 Nr. 2 a–g LAG; darunter fielen etwa Kapitalgesellschaften und sonstige juristische Personen des privaten Rechts.

oder ihren Sitz im Geltungsbereich des Grundgesetzes oder in Berlin (West) hatten. Sie betrug gemäß § 31 LAG einheitlich 50 vom Hundert des abgabepflichtigen Vermögens. Bei unbeschränkt Abgabepflichtigen errechnete sich das der Vermögensabgabe unterliegende Vermögen aus den für die Vermögenssteuer maßgebenden Vorschriften hinsichtlich der Ermittlung des Gesamtvermögens. Stichtag für die Bewertung war dabei ebenfalls der 21. Juni 1948. Daneben existierte allerdings auch eine große Anzahl von Körperschaften und natürlichen Personen, die von der Vermögensabgabe befreit waren.[18] Für Vermögen unter 5000 DM bestand eine Härteklausel; sie blieben von der Abgabe ausgenommen (§ 29 LAG). Sowohl die Hypothekengewinn- als auch die Kreditgewinnabgabe stellten Schuldnergewinne in Folge der Währungsreform dar, die dem Ausgleichsfonds zugeführt wurden. Ihr Anteil an den Lastenausgleichsabgaben blieb aber deutlich hinter dem der Vermögensabgabe zurück.[19]

Insgesamt konnten durch die Lastenausgleichsabgaben Einnahmen in Höhe von etwa 52,5 Milliarden DM erzielt werden. Davon entfielen etwa 42 Milliarden DM auf die Vermögensabgabe (rund 80 Prozent), 8,72 Milliarden DM auf die Hypothekengewinnabgabe (17 Prozent) und schließlich 1,8 Milliarden DM auf die Kreditgewinnabgabe (drei Prozent). Trotz dieser enormen Summe hielt sich die Kritik am LAG seitens der Abgabepflichtigen in Grenzen. Dies lag nicht zuletzt daran, dass die fünfzigprozentige Vermögensabgabe verrentet wurde. § 34 Abs. 1 LAG bestimmte, dass die Abgabeschuld in gleichen Vierteljahresbeträgen innerhalb von 30 Jahren bis zum 31. März 1979 zu entrichten war.[20] Infolge des wirtschaftlichen Aufschwungs und des verhältnismäßig hohen Kapitalzinses stellte sich die Vermögensabgabe letztendlich nicht als Eingriff in die Substanz dar, sondern konnte zum größten Teil durch den laufenden Vermögensertrag gezahlt werden.[21] Neben diesen Einnahmen flossen dem Lastenausgleichfonds noch Zuschüsse

---

[18] § 18 Abs. 1 LAG enthält in Nr. 1–17 zahlreiche von der Vermögensabgabe befreite Personen.
[19] Vgl. Bundesausgleichsamt (Hrsg.), 50 Jahre Lastenausgleichsgesetz, S. 80; die folgenden Angaben finden sich ebd., S. 86.
[20] § 35 LAG nannte den 1.4.1949 als Beginn des Tilgungszeitraums.
[21] Vgl. Artur Krumper, Die Hauptentschädigung im Lastenausgleich der Bundesrepublik Deutschland in finanzwissenschaftlicher und rechtswissenschaftlicher Sicht unter besonderer Berücksichtigung der sozialen Degression des § 246 Lastenausgleichsgesetz, Diss. Erlangen 1973, S. 69.

aus dem öffentlichen Haushalt zu, die gerade seit dem Ende der 1970er Jahren einen Großteil der Einnahmen ausmachten.[22]

d) Berücksichtigung der sozialen Gerechtigkeit und der volkswirtschaftlichen Möglichkeiten

Schon bei den Beratungen über den Gesetzentwurf stand die große Frage im Raum, wie die volkswirtschaftlichen Möglichkeiten des vom Kriege gezeichneten Deutschland und Aspekte der sozialen Gerechtigkeit gewichtet werden sollten. Einigkeit herrschte darüber, dass diese Faktoren zwangsläufig zu berücksichtigen waren und dass ein vollständiger Lastenausgleich angesichts der massiven Schäden und der Flüchtlingszahlen, denen die sich anfangs nur langsam erholende deutsche Wirtschaft gegenüberstand, nicht möglich war. Große Uneinigkeit herrschte allerdings darüber, wie der Lastenausgleich sowohl auf der Abgaben- als auch auf der Leistungsseite konkret ausgestaltet werden sollte, wollte man die sich gerade erholende Wirtschaft keinen Gefahren aussetzen, dem Leid der Geschädigten aber dennoch gerecht werden. Das „Wirtschaftswunder" der 1950 und 1960er Jahre war bei der Verabschiedung des Lastenausgleichsgesetztes noch kaum absehbar, und es verbietet sich, die Entscheidungen der Jahre 1949 bis 1952 ex post zu beurteilen.

Im Folgenden werden verschiedene „Stellschrauben" des Lastenausgleichs benannt, die es ermöglichten, die Abgabepflichtigen möglichst unbeeinträchtigt weiterwirtschaften zu lassen, die Leistungsempfänger aber zugleich hinreichend zu entschädigen und zu unterstützen. In diesem Sinne hieß es bereits in der Präambel des LAG, dass die Verteilung der Lasten nur unter Berücksichtigung der volkswirtschaftlichen Möglichkeiten erfolgen könne, aber stets die soziale Gerechtigkeit im Blick haben müsse.

Grundsatzfrage der Diskussionen um die Ausgestaltung des Lastenausgleichsgesetzes war, ob der Lastenausgleich als sozialer oder als quotaler erfolgen sollte.[23] Die Anhänger der quotalen Lösung, darunter

---

[22] Vgl. Bundesausgleichsamt (Hrsg.), 50 Jahre Lastenausgleichsgesetz, S. 81.
[23] Vgl. Wolfgang Rüfner, Kriegsopfer, Flüchtlinge/Vertriebene und Evakuierte in den Westzonen, in: Udo Wengst (Hrsg.), Die Zeit der Besatzungszonen 1945–1949. Sozialpolitik zwischen Kriegsende und der Gründung zweier deutscher Staaten, Baden-Baden 2001 (Geschichte der Sozialpolitik in Deutschland seit 1945, Bd. 2), S. 744–769, hier S. 766.

insbesondere Geschädigten- und Flüchtlingsverbände,[24] plädierten für eine individuelle Feststellung der entstandenen Schäden und deren anschließende Entschädigung nach einer festen Quote.[25] Demgegenüber machten sich die Anhänger der sozialen Lösung dafür stark, die Ausgleichsleistungen nicht dem individuell erlittenen Schaden nach zu gewähren, sondern als Eingliederungsmaßnahmen auszugestalten, deren Umfang sich nach dem Eingliederungsbedarf richten sollte. Prägend in dieser Diskussion war der Ausspruch eines niedersächsischen Regierungsvertreters: „Ich bin gegen die Wiederherstellung der sozialen Position in der alten Heimat. Ich habe kein Interesse daran, den Spießbürger aus Breslau hier wieder zu installieren."[26] Argumentiert wurde unter anderem auch damit, dass für einen quotalen Ausgleich ausreichende Mittel nicht zur Verfügung stünden – insbesondere die Feststellung der Schäden sei mit Blick auf die enorme Verwaltungsarbeit schon zu kostspielig. Eine neue Ordnung, wie sie durch die Bodenreform in der SBZ geschaffen worden war, wäre vor allem für die geflohenen Landwirte – als große Verlierer des Lastenausgleichs – von Vorteil gewesen. Da sich der Lastenausgleich allerdings grundsätzlich durch Geldzahlungen vollziehen sollte (§ 2 Abs. 2 LAG), war den Landwirten wenig geholfen.

Letztendlich entschied man sich bei der Umsetzung des Lastenausgleichs für eine Mischform aus sozialem und quotalem Ausgleich. Der erlittene Schaden wurde individuell festgestellt – was notwendige Voraussetzung für einen quotalen Ausgleich war – und sollte im Rahmen der Hauptentschädigung abgegolten werden. Daneben existierten aber auch Regelungen, die unter anderem nach der Bedürftigkeit der Geschädigten Leistungen gewährten, etwa die oben genannte Kriegs-

---

[24] Vgl. den Artikel „200.000 demonstrierten" aus der Zeitschrift „Selbsthilfe" Nr. 19, erste Oktober-Ausgabe 1948, abgedruckt in: Bundesminister für Vertriebene, Flüchtlinge und Kriegsgeschädigte (Hrsg.), Die Lastenausgleichsgesetze. Dokumente zur Entwicklung des Gedankens, der Gesetzgebung und der Durchführung, Bd. I/1: Soforthilfe und Feststellungsgesetz, Bonn 1962, S. 75; vgl. auch Rüfner, Kriegsopfer, S. 766.
[25] So etwa der Unkeler Kreis in seinem Protokoll zu den Beratungsergebnissen der Besprechung in Unkel vom 13.–15.5.1950, abgedruckt in: Bundesminister für Vertriebene, Flüchtlinge und Kriegsgeschädigte (Hrsg.), Lastenausgleichsgesetze, Bd. I/2, S. 258 f.
[26] Kurzprotokoll einer Tagung über den Lastenausgleich am 1.9.1948, abgedruckt in: Bundesminister für Vertriebene, Flüchtlinge und Kriegsgeschädigte (Hrsg.), Lastenausgleichsgesetze, Bd. I/1, S. 72 ff.; zum Folgenden vgl. ebd.

schadenrente.²⁷ Forderungen nach einer Bodenreform wurden nicht umgesetzt.

Weiterhin stellte sich die Frage, nach welchem Maßstab man die feststellungs- und ersatzfähigen Schäden und das abgabepflichtige Vermögen bewerten sollte. Sowohl bei den Abgabepflichtigen als auch bei den Geschädigten wurde der Einheitswert zugrunde gelegt. Für Schäden, die an Vermögen in Vertreibungsgebieten entstanden waren, war in Ermangelung eines Einheitswerts ein sogenannter Ersatzeinheitswert maßgeblich (§ 12 Abs. 2 Feststellungsgesetz). Bei Abgabepflichtigen erfolgte die Berücksichtigung des Einheitswerts im Rahmen der Berechnung der Vermögensabgabe (§ 21 Abs. 1 LAG), bei Geschädigten im Rahmen der Schadensfeststellung.²⁸ Das hatte zur Folge, dass nicht der Verkehrswert des verlorenen Vermögens bei der Schadensfeststellung als ersatzfähiger Schaden festgestellt wurde, sondern ein Bruchteil dessen, eben der steuerrechtliche Einheitswert. Kritik an dieser Regelung wurde überwiegend von Seiten der Geschädigten geübt, spiegelte der zuletzt festgestellte Einheitswert doch in keiner Weise die erlittenen Schäden wider.²⁹ Das hatte seinen Grund darin, dass der steuerliche Einheitswert der verlorenen Grundstücke deutlich unter dem Verkehrswert lag, so dass keine volle Schadenskompensation im Rahmen der Hauptentschädigung eintreten konnte.

Ein weitere „Stellschraube" zwischen sozialem und quotalem Ausgleich, war die fortschreitende Degression der Hauptentschädigung,

---

²⁷ So setzt § 261 Abs. 1 LAG zur Gewährung von Kriegsschadenrente die Erfüllung eines Tatbestandsmerkmals der Bedürftigkeit voraus; § 261 Abs. 1 Nr. 1 LAG verlangt, dass der Geschädigte in fortgeschrittenem Lebensalter steht oder infolge von Krankheit oder Gebrechen dauernd erwerbsunfähig ist und (Nr. 2) ihm nach seinem Einkommens- und- Vermögensverhältnissen die Bestreitung des Lebensunterhalts nicht möglich oder zumutbar ist.
²⁸ § 238 LAG in Verbindung mit § 12 Feststellungsgesetz bestimmt die Zugrundelegung des zuletzt festgestellten Einheitswerts bei der Schadensberechnung des Vertreibungsschadens an land- und forstwirtschaftlichem Vermögen, Grundvermögen und Betriebsvermögen. Selbiges bestimmt § 238 LAG in Verbindung mit § 13 Feststellungsgesetz für die Schadensberechnung hinsichtlich Kriegssachschäden an land- und forstwirtschaftlichem Vermögen, Grundvermögen und Betriebsvermögen.
²⁹ So bereits vor Erlass des Feststellungsgesetzes: Memorandum des Zentralverbands der vertriebenen Deutschen zum Feststellungsgesetz, o. D., abgedruckt in: Bundesminister für Vertriebene, Flüchtlinge und Kriegsgeschädigte (Hrsg.), Lastenausgleichsgesetze, Bd. I/1, S. 223–226, hier S. 225.

je höher der festgestellte Schaden war.[30] Dazu wurden im Rahmen der Hauptentschädigung unter § 246 LAG[31] anfänglich 27 Schadensgruppen gebildet, die von einem Schadensbetrag von 500 bis 1500 RM (Schadensgruppe 1) bis zu einem Schadensbetrag von 850.001 bis 1.000.000 RM (Schadensgruppe 27) reichten. Die Hauptentschädigung richtete sich nach den einzelnen Schadensgruppen zugeordneten Grundbeträgen (§ 246 Abs. 1 LAG). Dieser Grundbetrag war etwa für Schadensgruppe 1 800 DM, für die Schadensgruppe 5 (4201 bis 6000 RM) 2300 DM und für Schadensgruppe 10 (20.001 bis 30.000 RM) 5500 DM und erreichte schließlich in der Schadensgruppe 27 eine Höhe von 50.000 DM. Für darüber liegende Schäden wurde nach § 246 Abs. 2 Satz 2 LAG der Grundbetrag berechnet aus 50.000 DM zuzüglich drei Prozent des 1.000.000 RM und zwei Prozent des 2.000.000 RM überschreitenden Schadensbetrags. Die zunehmende Degression des Grundbetrags bei zunehmender Schadenshöhe stieß bei den Geschädigten auf großen Widerstand, wurden doch hohe Schäden quotal schlechter ausgeglichen als niedrige.

3. Lastenausgleich heute

Auch 70 Jahre nach dem Ende des Zweiten Weltkriegs ist das Kapitel Lastenausgleich noch nicht gänzlich abgeschlossen. Hauptaufgabe der Ausgleichsverwaltung heutzutage ist aber nicht mehr die Leistungsgewährung, sondern vielmehr die Durchführung von Rückforderungsverfahren im Rahmen des § 349 LAG. Den Ursprung dieser Rückforderungen kann man bereits aus der Präambel des LAG in seiner Fassung von 1952 erkennen. Im zweiten Absatz der Präambel wird nämlich festgestellt, dass eine Gewährung von Ausgleichsleistungen nach dem LAG

---

[30] § 246 Abs. 3 LAG bestimmte: „Sobald hinreichende Unterlagen über die Höhe der verfügbaren Mittel und über den Umfang der zu berücksichtigenden Schäden vorliegen, spätestens bis zum 31. März 1957, wird durch Gesetz bestimmt, ob und in welchem Umfang die Grundbeträge erhöht werden." So wurden die Schadensgruppen und die entsprechenden Grundbeträge der Höhe nach im Laufe der Zeit den wirtschaftlichen Gegebenheiten angepasst. Durch das 4. Änderungsgesetz zum LAG (BGBl. 1955 I, S. 403 ff.) wurden etwa die Schadensgruppen 1 bis 13 durch die neuen Schadensgruppen 1 bis 24 ersetzt, die eine genauere Differenzierung innerhalb der Schadensbeträge bis 70.000 RM ermöglichten. Durch das 8. Änderungsgesetz zum LAG (BGBl. 1957 I, S. 809 ff.) wurde schließlich der § 246 Abs. 2 LAG komplett neu gefasst.

[31] Ausgangspunkt ist hier die ursprüngliche Fassung des § 246 Abs. 2 LAG (BGBl. 1952 I, S. 505).

„keinen Verzicht auf die Geltendmachung von Ansprüchen auf Rückgabe des von den Vertriebenen zurückgelassenen Vermögens bedeutet". In diesen Fällen sollen die Geschädigten aber nicht doppelt entschädigt werden, sondern die für ihre festgestellten Schäden erhaltene Hauptentschädigung zurückzahlen. Daher wird in § 349 Abs. 3 LAG vermutet, dass bei der Rückgabe einer wirtschaftlichen Einheit oder eines Wirtschaftsguts sowie bei der Wiederherstellung der vollen Verfügungsrechte über solche Vermögenswerte der festgestellte Schaden insoweit in voller Höhe ausgeglichen ist. Eine geleistete Hauptentschädigung, die der Geschädigte für das ehemals geschädigte Vermögen erhalten hat, wird zurückgefordert – unter Begrenzung auf die erhaltenen Schadensausgleichsleistungen (§ 349 Abs. 4 Satz 4 LAG).

Die Integrationskraft des Lastenausgleichsgesetzes lässt sich nicht isoliert betrachten, sondern ist stets im Kontext des einsetzenden wirtschaftlichen Aufschwungs in Westdeutschland zu sehen. Während das Soforthilfegesetz und das Lastenausgleichsgesetz den Grundstein für die Eingliederung Geschädigter darstellten, zeitigte die positive wirtschaftliche Entwicklung eine langfristige integrative Wirkung.[32]

---

[32] So auch Bundesausgleichsamt (Hrsg.), 50 Jahre Lastenausgleichsgesetz, S. 115; vgl. zudem Lutz Wiegand, Der Lastenausgleich in der Bundesrepublik Deutschland 1949 bis 1985, Frankfurt a. M. 1992, S. 385; deutlich einschränkend hingegen Rüfner, Ausgleich, S. 755 ff.

Helge Heidemeyer
Flucht und Zuwanderung aus der Sowjetischen Besatzungszone und der DDR in die Bundesrepublik

1. Das Thema

Die hier behandelte Migrationsbewegung ist zahlenmäßig von erheblicher Bedeutung, sie weist aber klare Unterscheidungsmerkmale gegenüber anderen Migrationsbewegungen in der deutschen Geschichte auf. Es wanderten, *erstens*, Deutsche von einem in einen anderen deutschen Teilstaat. Deshalb stellt sich die Frage, ob es sich bei der Flucht und Abwanderung aus der DDR nicht eher um eine Binnenwanderung handelte – auch wenn die System- und Blockgrenze dabei überwunden wurde. Die Menschen wichen, *zweitens*, vielfach einem enormen – politischen – Druck aus; gleichwohl kann man nicht von einer Zwangsmigration sprechen wie etwa bei der Vertreibung der Deutschen aus den Territorien östlich von Oder und Neiße beziehungsweise aus den Siedlungsgebieten in Ostmittel- und Südosteuropa. Die eigentliche Entscheidung zur Flucht wurde individuell getroffen. Und schließlich *drittens*: Anders als zwischen 1944 und 1948 kamen die Menschen aus der DDR über viele Jahre hinweg mehr oder weniger kontinuierlich in die Bundesrepublik. Alle drei Faktoren beeinflussten die Integrationschancen der Geflüchteten in Westdeutschland erheblich.

Bis 1990 verließen etwa vier Millionen Menschen die DDR in Richtung Bundesrepublik.[1] Es ist nicht möglich, genaue Zahlen zu erheben, da die verschiedenen Zählungsarten – die Wanderungsstatistik und die Statistik des Notaufnahmeverfahrens in der Bundesrepublik sowie die Auswanderungsstatistik der DDR – jeweils unterschiedliche Fehler und Ungenauigkeiten aufweisen.[2] Die Migration aus der DDR war keine gleichförmige Bewegung, sie vollzog sich in Wellen. Höhepunkte waren die Jahre 1952/53, 1960/61 – jeweils ausgelöst durch erhöhten politischen Druck – und 1989/90. Demgegenüber waren die Flüchtlingszahlen in Phasen, in denen das SED-Regime einen weniger harten Kurs

[1] Vgl. Bettina Effner/Helge Heidemeyer, Die Flucht in Zahlen, in: dies. (Hrsg.) Flucht im geteilten Deutschland, Berlin 2005, S. 27–31.
[2] Vgl. Helge Heidemeyer, Flucht und Zuwanderung aus der SBZ/DDR 1945/1949–1961. Die Flüchtlingspolitik der Bundesrepublik Deutschland bis zum Bau der Berliner Mauer, Düsseldorf 1994, S. 37–48.

fuhr – etwa 1954/55 und 1958/59 – vergleichsweise gering. Auch die internationalen Gegebenheiten spielten dabei eine Rolle, aus Fluchtgedanken auch eine wirkliche Flucht werden zu lassen: Diplomatische Krisen und die daraus resultierenden Unsicherheiten beförderten den Entschluss zur Flucht offensichtlich. Das zeigte sich 1950 in der Korea-Krise, beim Scheitern der Viermächteverhandlungen in der zweiten Jahreshälfte 1955 sowie beim Beginn der Berlin-Krise 1959.

Zwischen 1952 und 1961 verlief die Abwanderung schwerpunktmäßig über Berlin: Im Mai 1952 hatte die Regierung der DDR die innerdeutsche Grenze geschlossen, allein in Berlin mit seinem Sonderstatus der Viermächte-Verwaltung war ein relativ unkontrollierter Übergang vom sowjetischen Sektor in die Westsektoren noch möglich. Der Bau einer Mauer quer durch Berlin am 13. August 1961 und die konsequente Abriegelung der Grenze markieren den tiefsten Einschnitt in der Geschichte der Ost-West-Migration. Das lässt sich leicht den Wanderungszahlen entnehmen: Stellten im Juli 1961 – sicher einem Monat mit extrem hohen Fluchtzahlen – mehr als 30.000 Personen einen Antrag auf Aufnahme in West-Berlin, so waren es in den Jahren 1962 und 1963 durchschnittlich nur noch 60 pro Monat.[3] Die Abwanderung war gewaltsam unterbunden worden, das Risiko einer Flucht einfach zu groß. Manche gingen das Risiko dennoch ein, um die DDR zu verlassen; Fluchthilfe war ein wichtiges Mittel, um mit einer gewissen Aussicht auf Erfolg in den Westen zu gelangen.[4]

Eine zaghafte Liberalisierung des Grenzverkehrs musste die DDR nach Unterzeichnung des KSZE-Abkommens zugestehen. Dass nun Ausreisen – in einem allerdings nicht rechtssicheren Verfahren – zugelassen werden konnten, führte jedoch nicht unmittelbar zu einer Erhöhung der Abwanderung. Ein spürbarer Anstieg der Ausreisen aus der DDR lässt sich erst seit 1988 feststellen. Die einzige Ausnahme zuvor war das Jahr 1984, in dem – vermutlich im Zusammenhang mit dem vom bayerischen Ministerpräsidenten Franz Josef Strauß eingefädelten Milliardenkredit an die DDR – einmalig einer großen An-

---

[3] Vgl. Helge Heidemeyer, 1961 – „Antifaschistischer Schutzwall" oder „Bankrotterklärung des Ulbricht-Regimes"? Grenzsicherung und Grenzüberschreitung im doppelten Deutschland, in: Udo Wengst/Hermann Wentker (Hrsg.), Das doppelte Deutschland. 40 Jahre Systemkonkurrenz, Berlin 2008, S. 87–109, hier S. 87, sowie Effner/Heidemeyer, Flucht in Zahlen, S. 28.

[4] Vgl. Marion Detjen, Ein Loch in der Mauer. Die Geschichte der Fluchthilfe im geteilten Deutschland 1961–1989, München 2005.

zahl von Ausreiseanträgen stattgegeben wurde. Ende der 1980er Jahre liberalisierte die DDR-Regierung ihre Praxis vorsichtig, zugleich lockerten manche Ostblock-Staaten ihr Grenzregime, so dass entsprechende Fluchtpläne wieder größere Erfolgsaussichten hatten – noch bevor der Exodus 1989 durch einen wahren Ansturm auf Botschaften der Bundesrepublik und die Grenzöffnung durch Ungarn begann.

Was ihre soziale Zusammensetzung angeht, so waren die Migranten aus der DDR mehrheitlich junge, gut ausgebildete Männer. Arbeiter, während der Kollektivierungswellen auch Landwirte, und vor allem Akademiker hatten einen großen Anteil an der Fluchtbewegung und straften die Selbstbezeichnung der DDR als Arbeiter- und Bauernstaat schon früh Lüge.[5] Immer gab es auch eine – weniger beachtete – gegenläufige Migration. Bis Ende der 1960er Jahre gingen etwa 600.000 Menschen aus der Bundesrepublik in die DDR. Das entsprach gerade in den Anfangsjahren sicher in gewissem Maß dem normalen Austausch zwischen zwei ehedem nicht getrennten Landesteilen. Diese Migration weist allerdings einige markante Eigenschaften auf: Nur etwa ein Drittel der West-Ost-Wanderer kam ursprünglich aus der Bundesrepublik, zwei Drittel waren Rückkehrer, also Menschen, die zuvor aus der DDR zugewandert waren.[6] Daher verwundert es nicht, dass das sozioökonomische Profil dieser Gruppe dem der DDR-Flüchtlinge ähnelte. Vielfach waren es gerade die Jungen, die, oft von Heimweh geplagt, mit den Lebensumständen in der Bundesrepublik nicht zurechtkamen und deshalb in die alte Heimat zurückkehrten. Von einer Wanderung aus originär politischer Überzeugung kann nur bei einer Minderheit die Rede sein.

2. Gründe zu gehen

Ausschlaggebend für das Verlassen der DDR waren Push- und Pull-Faktoren. Der vielfache, politisch induzierte Druck in der SED-Diktatur als Push-Faktor verband sich nach den kargen Nachkriegsjahren mit der Attraktivität des „Wirtschaftswunders" in der Bundesrepublik als

---

[5] Vgl. Heidemeyer, Flucht und Zuwanderung, S. 48–53.
[6] Vgl. vor allem Andrea Schmelz, Migration und Politik im geteilten Deutschland während des Kalten Kriegs. Die West-Ost-Migration in die DDR in den 1950er und 1960er Jahren, Opladen 2002, und Cornelia Röhlke, Entscheidung für den Osten. Die West-Ost-Migration, in: Effner/Heidemeyer (Hrsg.), Flucht, S. 97–113.

pull-Faktor. Damit sind bereits die zwei wesentlichen Triebkräfte der Wanderung benannt: die politischen und die wirtschaftlichen. Dabei sind die wirtschaftlichen Gründe nicht losgelöst von den politischen zu betrachten, sind doch auch die ökonomischen Gegebenheiten politisch vorbestimmt. Wurde ein Landwirt oder Kaufmann durch wirtschaftlichen Druck in eine Genossenschaft gezwungen, so war ihm seine wirtschaftliche Selbstständigkeit entzogen. Hier ist der politische Hintergrund offensichtlich. Das Streben nach besserem Auskommen für sich und seine Kinder ist ein vielleicht schwerer zu entscheidender Fall – vor allem vor dem Hintergrund aktueller Flüchtlingsströme. Auch in diesem Fall war die Entscheidung zur Flucht politisch grundiert, waren es doch die Grundlinien der Politik, die eine unterschiedliche ökonomische Entwicklung einleiteten und damit die Zukunftschancen präjudizierten.

Die politisch motivierte Abwanderung begann in der unmittelbaren Nachkriegszeit. Die Ablehnung des Regimes war früh greifbar und wurde spätestens bei den Landtagswahlen 1946 augenfällig. Die führenden Politiker der sogenannten bürgerlichen Parteien gerieten noch in den 1940er Jahren unter verschärften Druck und wichen nach Westdeutschland aus wie die Vorsitzenden der Ost-CDU Andreas Hermes und Jakob Kaiser.[7] Eine größere Gruppe waren die wirtschaftlich Verdrängten im Rahmen von Bodenreform, Kollektivierung und Verstaatlichung. Besonders betroffen davon waren Landwirtschaft und Handwerk.[8]

Im Laufe der Jahre strebten aber nicht nur die unmittelbar politisch Bedrängten aus der DDR fort, sondern immer mehr auch diejenigen, die mit den allgemeinen Zuständen unzufrieden waren. Aus dieser Unzufriedenheit speiste sich allerdings nicht nur der Wunsch, die DDR zu verlassen, zugleich stärkte sie die innere Opposition. Galten lange Jahre nur die Alternativen, entweder die DDR zu verlassen oder zu schweigen, so konnte sich seit Mitte der 1980er Jahre eine innere Opposition deutlicher artikulieren und herausbilden. Die Situation dieser Jahre in der DDR liest sich wie eine Bestätigung der Exit-Voice-Theorie von

---

[7] Vgl. Ehrhart Neubert, Geschichte der Opposition in der DDR 1949–1989, Bonn ²1998, S. 43–55.
[8] Vgl. Bundesministerium für Gesamtdeutsche Fragen (Hrsg.), Die Flucht aus der Sowjetzone und die Sperrmaßnahmen des Kommunistischen Regimes vom 13. August 1961 in Berlin, Bonn 1961, und Heidemeyer, Flucht und Zuwanderung, S. 48–53.

Albert O. Hirschman, nach der sich Unzufriedenheit mit den politischen und gesellschaftlichen Gegebenheiten in Aufbegehren oder Abwendung ausdrückt.[9] Beides – Protest und Flucht – trug zur Erosion des SED-Regimes bei und führte schließlich zu seinem Zusammenbruch.

3. Zum Umgang der Bundesrepublik mit der Zuwanderung aus der DDR

In der Bundesrepublik wandelte sich der Blick auf die Zuwanderer aus der DDR von der eher ordnungspolitischen Wahrnehmung – hier standen Verteilung und Unterbringung im Vordergrund – hin zur eher sozialpolitischen, bei der es vornehmlich um Fragen der Versorgung und der Integration der Zuziehenden ging. Schon in der Besatzungszeit hatten sich die Länder- und Zonenverwaltungen auf eine Verteilung der Flüchtlinge geeinigt. Dies war die Grundlage für alle späteren Maßnahmen zur Aufnahme der Zuwanderer aus der DDR.[10] Die entscheidende Regelung stellte eines der ersten Gesetze der jungen Bundesrepublik dar, das Notaufnahmegesetz vom 22. August 1950. Es sah vor, dass nur solche Menschen aus der DDR in der Bundesrepublik aufgenommen werden sollten, die „einer drohenden Gefahr für Leib und Leben, für die persönliche Freiheit" ausgewichen waren – Aufnahmegründe, die denen des auf Deutsche nicht anwendbaren Asylrechts sehr nahe kamen. Hinzu kamen Aufnahmemöglichkeiten im Rahmen der Familienzusammenführung und aus sonstigen zwingenden Gründen.[11] Hier schuf der Gesetzgeber also bereits einen Spielraum für die Auslegung des Gesetzes.

Das Notaufnahmegesetz veranschaulicht die Zweigleisigkeit der Politik gegenüber dieser neuen Gruppe von Zuwanderern: Einerseits wollte der Gesetzgeber unter Druck Geratenen eine sichere Zuflucht bieten. Andererseits sollte – nicht zuletzt im Hinblick auf die Aufnahmegesellschaft und ihrer Skepsis gegenüber weiteren Zuzügen – der Aufwand so gering gehalten werden, wie es eben möglich war. Nur so – und durch die Betonung, dass nur politisch Bedrängte Aufnahme

---

[9] Vgl. Albert O. Hirschman, Exit, Voice and Loyalty. Responses to Decline in Firms, Organizations and States, Cambridge (MA) 1970, und ders., Abwanderung, Widerspruch und das Schicksal der Deutschen Demokratischen Republik, in: Leviathan 20 (1992) S. 330–358.
[10] Vgl. Heidemeyer, Flucht und Zuwanderung, S. 74–85.
[11] Vgl. BGBl. 1950 I, S. 367 f., und Heidemeyer, Flucht und Zuwanderung, S. 94–120.

erhalten sollten – war die Akzeptanz der Flüchtlingspolitik sicherzustellen. Appelle wie „Verlasst die Zone nicht ohne Not", über Radio auch in die DDR transportiert, flankierten diese doppelte Zielrichtung, den Westdeutschen den politischen Grund der Fluchtbewegung zu demonstrieren sowie den Zustrom aus der DDR so gering wie möglich zu halten. Dabei waren die Appelle durchaus ernst gemeint, auch weil nach zeitgenössischer Vorstellung Regimegegner so lange wie möglich in der DDR aushalten sollten, um das vorhandene Oppositionspotenzial gegen das SED-Regime nicht zu schwächen.[12]

Die Aufnahmequote lag zunächst bei etwa einem Drittel der Antragsteller. Damit konnte die Bundespolitik belegen, dass sie ernst machte mit einer strengen Auslegung der Aufnahmevorschriften. Allerdings musste keiner der Abgelehnten negative Konsequenzen fürchten oder die Bundesrepublik gar verlassen denn als Deutsche besaßen sie – das war im Gesetzgebungsverfahren ganz klar herausgestellt worden – auch bei eingeschränkter Freizügigkeit das Recht, in der Bundesrepublik zu bleiben. An Rückführungen – diese hätte man im Ernstfall vollziehen müssen – war aus politischen Gründen überhaupt nicht zu denken.[13]

Die Aufgenommenen genossen allerdings einige praktische Vorteile wie die bevorzugte Vermittlung von Arbeit und Wohnraum – Vorteile, deren Glanz mit dem wachsenden Wohlstand in der Bundesrepublik verblasste. Schon in den 1950er Jahren wurde die Aufnahme aufgrund von Gerichtsentscheiden immer weniger streng gehandhabt, seit 1957 lag die Ablehnungsquote bei nur noch etwa einem Prozent. Dennoch hielt die Bundesrepublik bis zum 30. Juni 1990 an diesem Gesetz und dem – wesentlich vereinfachten – Verfahren fest. Zusätzlich konnten anerkannte DDR-Flüchtlinge unabhängig vom Notaufnahmegesetz

---

[12] Vgl. ebd., S. 97 f. und Helge Heidemeyer, Flüchtlingslager als Bühne der Politik. Die symbolische Bedeutung des Notaufnahmelagers Marienfelde, in: Henrik Bispinck/Katharina Hochmuth (Hrsg.), Flüchtlingslager im Nachkriegsdeutschland. Migration, Politik, Erinnerung, Berlin 2014, S. 74–91.
[13] Ursprünglich sollte die Möglichkeit der Rückführung tatsächlich in das Notaufnahmegesetz aufgenommen werden. Erst der Vermittlungsausschuss von Bundestag und Bundesrat strich diese Bestimmung. Vgl. Heidemeyer, Flucht und Zuwanderung, S. 108. Zu den realisierten Rückführungen bis 1947/48 vgl. Helge Heidemeyer, The Number of Infiltrees is Substantial. Die Politik der amerikanischen Besatzungsmacht gegenüber den Zuwanderern aus der SBZ 1945–1949, in: Sylvia Schraut/Thomas Grosser (Hrsg.), Die Flüchtlingsfrage in der deutschen Nachkriegsgesellschaft, Mannheim 1996, S. 215–239.

spezielle soziale Leistungen erhalten[14]: Das Gesetz über die Angelegenheiten der Vertriebenen und Flüchtlinge (BVFG) vom 19. Mai 1953 errichtete zwar mit der spezifischen Anerkennung der Sowjetzonenflüchtlinge eine neue, eigens zu überwindende Hürde, stellte aber dennoch einen Meilenstein für die Betroffenen dar, denn es verankerte gesetzlich die politische Anerkennung als Geschädigtengruppe eigenen Rechts. Außerdem gewährte das Gesetz eine Reihe von Hilfs- und Integrationsmaßnahmen.

Anerkannte kamen zudem in den Genuss von sozialen Hilfsleistungen des Lastenausgleichsgesetzes; Entschädigungsleistungen – der Kern des Lastenausgleichs – standen ihnen allerdings erst nach Gesetzesnovellierungen in den späten 1960er Jahren zu. Das Häftlingshilfegesetz vom 6. August 1955 entschädigt bis heute in der DDR aus politischen Gründen verbüßte Haftzeiten. Wichtig war zudem die Einbeziehung in die westdeutschen Regelungen im Bereich der Sozialversicherungen, allen voran das Fremdrentengesetz vom 7. August 1953. Danach wurden in der DDR geleistete Arbeitsphasen so behandelt, als ob sie in der Bundesrepublik beitragspflichtig gewesen wären; das Gesetz bewirkte so eine Absicherung der Altersrenten.

In der Zusammenschau wird deutlich, dass die Bundesrepublik stets die im Grundgesetz formulierte Prämisse ernst nahm und für alle Deutschen handelte: Sie nahm die Flüchtlinge auch in Zeiten auf, in denen sie wegen der kriegsbedingten Engpässe eine echte Belastung darstellten. Und sie versuchte, die Abwanderung auch dann noch zu dämpfen, als die Wirtschaft in der Boomphase mehr Arbeitskräfte benötigte. Der kontinuierliche Zustrom von gut ausgebildeten Arbeitskräften in den 1950er Jahren stellte aber selbst eine der Triebfedern des „Wirtschaftswunders" dar.

4. Die Integration der DDR-Flüchtlinge in der Bundesrepublik

Die Tatsache, dass die DDR-Flüchtlinge spätestens seit Mitte der 1950er Jahre in der Bundesrepublik auf einen dynamischen Arbeitsmarkt trafen, erleichterte die Integration dieser Personengruppe erheblich. Ge-

---

[14] Die Anerkennung als DDR-Flüchtling war ein eigenständiger, durch das BVFG geregelter Akt. Danach stand den anerkannten Flüchtlingen, parallel zu den Vertriebenen aus den deutschen Ostgebieten, ein Flüchtlingsausweis, hier der Kategorie C, zu. Vgl. Heidemeyer, Flucht und Zuwanderung, S. 203–279.

rade in den Jahren bis zum Mauerbau besaß die Flucht aus der DDR in sozioökonomischer Hinsicht eher den Charakter einer Binnenwanderung; die großen Anfangsprobleme anderer Zuwanderungsgruppen wie der Erwerb der Sprache spielten keine Rolle. Zunächst stellte die Trennung der Zonen eben einen künstlichen Einschnitt dar. Erst im Laufe der Jahre und durch die weitgehende Abschottung der DDR nach 1961 entwickelten sich die deutschen Teilstaaten nicht nur politisch, sondern auch gesellschaftlich merklich auseinander. In der Folge klagten in den 1980er Jahren Menschen, die im Westen ankamen, oft über ein Gefühl der Fremdheit, und manche Selbstverständlichkeit wie den Umgang mit einer freien, pluralistischen Presse oder mit dem Warenüberangebot mussten sie erst erlernen.[15]

Dennoch hatte dieser Personenkreis kaum nennenswerte Integrationsprobleme: Auf den klassischen Feldern Arbeit, Wohnraumversorgung und soziale Integration konnten sie mit staatlicher Unterstützung rechnen. Zudem besaßen sie häufig familiäre Verbindungen in der neuen Heimat, soziale Barrieren waren deshalb eher niedrig. Als Indiz für die relativ gute Eingliederung der DDR-Flüchtlinge kann gelten, dass sich nie eine ausgeprägte Flüchtlingsidentität bei ihnen festmachen ließ. So blieb das Verbandswesen der Flüchtlinge stets schwach, und als wirkmächtige *Pressure Group* traten sie nie in Erscheinung.[16]

Allerdings führte beispielsweise die bevorzugte Wohnraumvermittlung von DDR-Flüchtlingen mitunter zu Neid bei den Einheimischen: Weil die Flüchtlinge dahin vermittelt wurden, wo sie Arbeitsmöglichkeiten fanden, und nicht wie die Vertriebenen nach Kriegsende rein nach der Verfügbarkeit von Wohnraum, kamen die DDR-Flüchtlinge häufig in die stark zerstörten Industrieregionen. Hier war ihre Unterbringung doppelt schwer. Das führte nach längerem Ringen dazu, dass der Bund den Ländern mit den Flüchtlingen auch Mittel für den Wohnungsbau zuwies. Die Vergabe von Neubauwohnungen an die DDR-Flüchtlinge erzeugte nun aber mancherorts den Unmut der Alteingesessenen, weshalb die Kommunen eine Art Ringtausch organisierten: Sie wiesen letztere in die Neubauten ein und die Flüchtlinge in die frei werdenden Altbauwohnungen. Unterstützt wurde die posi-

---

[15] Vgl. Christine Brecht, Integration in der Bundesrepublik: Der schwierige Neuanfang, in Effner/Heidemeyer (Hrsg.), Flucht, S. 83–95.
[16] Vgl. Heidemeyer, Flucht und Zuwanderung, S. 315–331.

tive Entwicklung der Integration durch politische Hilfestellungen für aufgenommene oder anerkannte Flüchtlinge. Innerhalb des durch die öffentliche Akzeptanz vorgegebenen Rahmens – der „echte" Flüchtling[17] – förderte der westdeutsche Staat die Eingliederung der Ankommenden stets und gab ihnen damit auch ein Gefühl der Anerkennung.

5. Exkurs: Die Zuwanderung in die DDR

Die Machthaber in der SBZ und DDR begrüßten zunächst die Abwanderung aus ihrem Gebiet, weil sie – zu Recht – annahmen, dass es politische Gegner waren, die ihren Machtbereich verließen. Als Verbrecher, Kriminelle und Saboteure diffamiert, weinte ihnen das SED-Regime – wie Erich Honecker 1989 empathielos und zu diesem Zeitpunkt kontrafaktisch formulierte – keine Träne nach.[18] Ein radikaler Wahrnehmungswandel stellte sich ein, als sich die Abwanderung 1952/53 zum ersten Mal zu einer Massenbewegung auswuchs: Flucht wurde nun als wirtschaftliches und legitimatorisches Problem begriffen. Das hatte zur Folge, dass sich die DDR nach dem 17. Juni 1953 aktiv darum bemühte, die Fortgegangenen zur Rückkehr zu bewegen. Gleichzeitig begann das SED-Regime, verstärkt öffentlich mit denen zu werben, die in die DDR zogen. Einerseits sollten dadurch Fluchtwillige von ihrem Vorhaben abgebracht werden, die DDR zu verlassen, andererseits konnte sich der SED-Staat auf diese Weise als das bessere, sozialere und friedliebende Deutschland darstellen.

Nun würde man erwarten, dass die DDR vor dem Hintergrund ihres bevölkerungspolitischen Problems sorgsam mit den Neuankömmlingen umgegangen wäre. Aber das genaue Gegenteil war der Fall, weil das Misstrauen diesen Menschen gegenüber die politischen und ökonomischen Zwänge offensichtlich überwog: Die Migranten aus dem Westen wurden in Aufnahmeheimen untergebracht, in denen sie zunächst einmal gründlich überprüft wurden. Das erscheint auf den ersten Blick ähnlich dem Prozedere in der Bundesrepublik. Allerdings wurden die Angekommenen stark von der Außenwelt abgeschirmt, quasi kaserniert, und sie waren ständigen Befragungen ausgesetzt. Nach der Überprüfung, die Wochen und Monate dauern konnte, wur-

---

[17] Vgl. Volker Ackermann, Der „echte" Flüchtling. Deutsche Vertriebene und Flüchtlinge aus der DDR 1945–1961, Osnabrück 1995.
[18] Vgl. Günter Schabowski, Der Absturz, Berlin 1991, S. 235f.; das Zitat findet sich auf S. 236.

den sie dezentral untergebracht – aus Furcht, sie könnten sich zusammenschließen und einen Unsicherheitsfaktor darstellen. Oftmals blieben sie noch am Wohnort unter Beobachtung der Staatssicherheit. Die Angst der Machthaber, dass durch die West-Ost-Wanderer ein neues Unruhe- und Unsicherheitspotenzial in die DDR kommen könnte, wog letztlich schwerer als der Bedarf an Arbeitskräften. Schließlich schlug den Menschen aus dem Westen aber nicht nur das Misstrauen des Staats entgegen, sondern auch das der Menschen vor Ort. Bei der allgemeinen Stimmung, die eher auf die Ausreise in den Westen hin orientiert war, hieß es: „Entweder Ihr seid Idioten (weil ihr hierher gekommen seid) oder ihr habt etwas verbrochen." Die Menschen wurden als „gescheiterte Existenzen" oder „allerlei Tunichtgute" abqualifiziert.[19]

Das waren schlechte Voraussetzungen, um sich in der DDR heimisch zu fühlen. Die materielle Eingliederung stellte dagegen kein Problem dar, waren Arbeits- und Wohnungsvermittlung doch ohnehin staatlich gelenkt. Allerdings war die Situation oft so unbefriedigend, dass vielfach der Wunsch entstand, die DDR wieder zu verlassen. Deshalb verwundert es nicht, dass gerade die Neuzugezogenen oftmals wieder gen Westen aufbrachen, solange das noch einigermaßen problemlos möglich war. Andere richteten sich in der DDR ein, viele mit Unbehagen oder einer gewissen Ernüchterung, aber auch mit Trotz und Stolz, den Widrigkeiten des Zuzugs in die DDR Stand gehalten zu haben.[20]

---

[19] Schmelz, Migration und Politik, S. 296 f. Vgl. auch Bernd Stöver, Zuflucht DDR. Spione und andere Übersiedler, München 2009, und Ulrich Stoll, Einmal Freiheit und zurück. Die Geschichte der DDR-Rückkehrer, Berlin 2009.
[20] Vgl. ebd., S. 122–138, und Eva Fuchslocher/Michael Schäbitz (Hrsg.), Wechselseitig. Rück- und Zuwanderung in die DDR 1949 bis 1989, Berlin 2016.

Christian Helmrich
Deutschland wird zum Einwanderungsland
Gedanken zur Zuwanderung türkischer „Gastarbeiterinnen"
und „Gastarbeiter" aus rechtlicher Perspektive

1. Normatives und faktisches Einwanderungsland

Es ist sicherlich keine neue Erkenntnis, dass rechtliches Sollen und tatsächliches Sein nicht zwangsläufig übereinstimmen.[1] Das gilt auch für Fragen der Zu- und Abwanderung. „Die Bundesrepublik Deutschland ist kein Einwanderungsland", hieß es 1982 nach den Koalitionsgesprächen zwischen der Union und der FDP.[2] Gleichwohl war der (west-)deutsche Wanderungssaldo ab 1950 so gut wie immer positiv[3] – es zogen also mehr Menschen zu als fort. In der Gesamtschau war die Bundesrepublik längst ein Einwanderungsland. Sie sollte aber keines sein – jedenfalls nicht bleiben. Neben dem Blick auf die Zahlen bedarf es also auch einer Betrachtung der rechtlichen Rahmenbedingungen, die die Einwanderung steuern – die Umgebung, die ein normatives Einwanderungsland ausmacht.[4]

Der Frage nach den rechtlichen Rahmenbedingungen kann man anhand der Zuwanderung türkischer „Gastarbeiter" Anfang der 1960er Jahre nachgehen. Damals ging es um die Gewinnung von Arbeitskräften für die deutsche Wirtschaft. An Einwanderung, also den dauerhaften Aufenthalt der „Gastarbeiter", dachte man zunächst nicht. Die tatsächlichen Verhältnisse stellten sich dann aber anders dar. Und auch jetzt, 2017, reisen zahlreiche Ausländer nach Deutschland ein – diesmal überwiegend Geflüchtete. Angesichts der weltweit tobenden Kon-

---

[1] Vgl. dazu eingehend Niels Petersen, Braucht die Rechtswissenschaft eine empirische Wende?, Bonn 2010.
[2] Vgl. den Abdruck der Einigung der Koalitionsgespräche, in: Union in Deutschland 36 (1982), Beilage: CDU-Extra Nr. 29, 1.10.1982, S. 7; www.kas.de/wf/doc/kas_26363-544-1-30.pdf.
[3] Zahlen des Bundesinstituts für Bevölkerungsforschung sind online abrufbar unter: www.bib-demografie.de/SharedDocs/Glossareintraege/DE/R/raeumliche_bevoelkerungsbewegung.html. Hier findet sich auch der Hinweis, dass der Saldo Mitte der 1970er Jahre kurzzeitig negativ geworden sei.
[4] Vgl. Thomas Groß, Einwanderungspolitiken im Vergleich. Erwartungen an ein Einwanderungsgesetz in Deutschland, in: ZAR 36 (2016), S. 262–268, hier S. 262.

flikte ist es zweifelhaft, ob der durch die Befristung der Aufenthaltstitel zum Ausdruck kommende kurzzeitige Aufenthalt die Norm sein wird. Was ist nun ein normatives Einwanderungsland? Als wichtigste Parameter identifizierte Thomas Groß – neben Integrationsangeboten – das Aufenthaltsrecht und das Staatsangehörigkeitsrecht.[5]

2. Der rechtliche Rahmen für die Anwerbung türkischer „Gastarbeiter"

a) Anwerbeübereinkommen

Geprägt wurde die Einwanderung der türkischen „Gastarbeiter", wie freilich auch die aller anderen, zunächst durch die Anwerbeabkommen, wobei es vor allem um deutsche wirtschaftliche Interessen ging.[6] Später, als man merkte, dass einige „Gastarbeiter" gar nicht an Rückkehr dachten, kamen Integrations- und Staatsangehörigkeitsregelungen hinzu. Bei der Anwerbung zur Arbeit kommt es ganz entscheidend darauf an, Ausländern praktikable Möglichkeiten für einen legalen Aufenthalt zu ermöglichen. Das gilt für Arbeitnehmer ebenso wie für Arbeitgeber. Nur wenn beide Seiten davon ausgehen können, dass der Aufenthalt zumindest für die Dauer des Arbeitsverhältnisses gesichert ist, bestehen Anreize für eine Zusammenarbeit. Hierzu bedarf es in materieller Hinsicht klarer Kriterien für die Erteilung eines Aufenthaltstitels und in formeller Hinsicht eines effizienten Verwaltungsverfahrens.

Auch das damals geltende Ausländergesetz forderte die Erteilung einer Aufenthaltserlaubnis[7]; sollte der Aufenthalt zum Zwecke der Arbeit erfolgen, bedurfte es zudem einer Arbeitserlaubnis. Ein kompliziertes Prozedere: Nur wenn die Interessen der Bundesrepublik Deutschland nicht beeinträchtigt wurden, konnte die Aufenthaltserlaubnis durch die zuständige Ausländerbehörde ausgestellt werden, der dabei

---

[5] Vgl. ebd., S. 262 und 264.
[6] Vgl. Klaus Barwig, Ein halbes Jahrhundert Arbeitsmigration nach Deutschland – Ein halbes Jahrhundert Familiennachzug, in: ZAR 34 (2014). S. 42–51, hier S. 43.
[7] Vgl. hierzu und zum Folgenden Wolfgang Weber, Rechtsgrundlagen. Das Recht der ausländischen Arbeitnehmer in der Bundesrepublik Deutschland, in: Winfried Schlaffke/Rüdiger von Voss (Hrsg.), Vom Gastarbeiter zum Mitarbeiter. Ursachen, Folgen und Konsequenzen der Ausländerbeschäftigung in Deutschland, Köln 1982, S. 235–251, hier S. 236.

ein weiter Ermessensspielraum zukam.[8] Für die Arbeitserlaubnis war das Konsulat zuständig.[9] Um die Beschäftigung einer ausreichend großen Zahl türkischer „Gastarbeiter" zu ermöglichen, musste dieses Verfahren vereinfacht werden. Zentraler Baustein war dabei die „Regelung der Vermittlung türkischer Arbeitnehmer nach der Bundesrepublik Deutschland" vom 30. Oktober 1961 – das Anwerbeabkommen:

„Im Interesse einer geregelten Vermittlung türkischer Arbeitnehmer nach der Bundesrepublik Deutschland werden auf deutscher Seite die Bundesanstalt für Arbeitsvermittlung und Arbeitslosenversicherung [...] und auf türkischer Seite die Türkische Anstalt für Arbeits- und Arbeitervermittlung [...] zusammenarbeiten [...]."[10]

Die gerade einmal zweiseitige Vereinbarung zwischen den Regierungen der Bundesrepublik Deutschland und der Republik Türkei sah ein Verfahren vor, an dessen Ende für den Ausländer die Aufenthalts- und Arbeitserlaubnis standen.[11] Vorgesehen war ein reger Austausch zwischen den beiden Behörden hinsichtlich türkischem Arbeitsangebot und deutscher Arbeitsnachfrage. Auch die Möglichkeit von Initiativbewerbungen war ausdrücklich enthalten.[12] Eingehende Bewerbungen türkischer Interessenten nahm die Türkische Anstalt entgegen und sortierte sie vor (Nr. 5 Anwerbeabkommen). Bei einer erfolgreichen Bewerbung schlossen der deutsche Arbeitgeber und der türkische Arbeitnehmer einen Arbeitsvertrag. Hierzu verwies das Abkommen ausdrücklich auf den in der Anlage beigefügten Musterarbeitsvertrag. Auch die Türkische Anstalt und die – extra eingerichtete und von der Bundesanstalt finanzierte – Verbindungsstelle mit Sitz in der Türkei wurden beteiligt, indem sie einen „Durchgangsvermerk" erteilten (Nr. 6 Anwerbeabkommen). Sodann erhielten die künftigen „Gastarbei-

---

[8] Vgl. Barwig, Jahrhundert, S. 43.
[9] Weber, Rechtsgrundlagen, S. 236.
[10] BArBl. Nr. 3 von 1962, S. 69 ff.: Regelung der Vermittlung türkischer Arbeitnehmer nach der Bundesrepublik Deutschland (Anwerbeabkommen) nebst Anlage; im Folgenden werden dieselben Kurzbezeichnungen wie auch im Abkommenstext verwendet, das heißt „Bundesanstalt" und „Türkische Anstalt" für die Bundesanstalt für Arbeitsvermittlung und Arbeitslosenversicherung bzw. für die Türkische Anstalt für Arbeits- und Arbeitervermittlung.
[11] In der heutigen Gesetzesterminologie tritt an die Stelle der Arbeits- die Beschäftigungserlaubnis; vgl. z.B. § 18 Aufenthaltsgesetz (AufenthG).
[12] Nr. 3 des Anwerbeabkommens. Wollte die Türkische Anstalt Bewerber initiativ vorschlagen, mussten diese jedoch „durch Ausbildung oder längere Tätigkeit Fachkenntnisse in einem bestimmten Beruf erworben haben".

ter" – als Ersatz für die eigentlich notwendige Arbeitserlaubnis – eine „Legitimationskarte" (Nr. 7 Anwerbeabkommen). In Deutschland angekommen, mussten sie (Nr. 9 Anwerbeabkommen)

> „sich unverzüglich [...] in dem Ort ihres gewöhnlichen Aufenthaltes in der Bundesrepublik Deutschland bei der örtlichen Meldebehörde anmelden und spätestens innerhalb von drei Tagen, jedoch möglichst vor der Arbeitsaufnahme, bei der Ausländerbehörde die Aufenthaltserlaubnis beantragen".

Vorgesehen war sowohl für die Arbeits- als auch für die Aufenthaltserlaubnis die Befristung auf ein Jahr. Die Möglichkeit der Verlängerung bestand, richtete sich dann aber nach den allgemein geltenden Vorschriften des Ausländerrechts (Nr. 9 Anwerbeabkommen). Die Ursprungsversion des Abkommens sah vor, dass eine Aufenthaltserlaubnis lediglich auf maximal zwei Jahre verlängert werden konnte. Diese „Rotationsklausel" hielt sich jedoch nur bis September 1964.[13]

Das Anwerbeabkommen ermöglichte den türkischen „Gastarbeitern" nicht nur die Einreise und den Aufenthalt zum Zwecke der Beschäftigung, sondern wirkte aktiv auf eine möglichst hohe Beteiligung hin.[14] Während und nach Abschluss des Verfahrens erfuhr der einreisewillige Ausländer in vielerlei Hinsicht Unterstützung durch die beteiligten Behörden. Das betraf zum Beispiel die Einreise nach Deutschland, die – als Rundum-Sorglos-Paket – von der Abreise (zumeist aus Istanbul) bis zur Ankunft am Beschäftigungsort von der Verbindungsstelle organisiert wurde (Nr. 8 Anwerbeabkommen). Um den nötigen Reisepass kümmerte sich die Türkei (Nr. 7 Anwerbeabkommen), ebenso darum, dass sich die „Gastarbeiter" pünktlich am Abreiseort einfanden. Zudem sorgten die Behörden für Reiseverpflegung. Die Kosten der Anreise wurden mittels einer an die Bundesanstalt zu zahlenden Pauschale auf die Arbeitgeber umgelegt.[15] Die Betreuung endete nicht mit der Ankunft. Die Bundesanstalt stand den „Gastarbeitern" weiterhin beratend zur Seite, „besonders in der ersten Zeit der Eingewöhnung" (Nr. 9 Anwerbeabkommen). All das verdeutlicht, dass die Arbeitszuwanderung gezielt gefördert werden sollte.

---

[13] Vgl. Barwig, Jahrhundert, S. 45.
[14] Auf diesen Unterschied verweist allgemein für das „normative Einwanderungsland" auch Groß, Einwanderungspolitiken, S. 262.
[15] Nr. 7 des Anwerbeabkommens. Die Aufteilung der Rückreisekosten wurde den Arbeitsvertragsparteien ausdrücklich selbst überlassen. Der Mustervertrag sah bereits eine entsprechende Wahlmöglichkeit vor.

Bereits im Anwerbeabkommen wurde aber auch deutlich, dass der Aufenthalt der türkischen „Gastarbeiter" begrenzt bleiben sollte. Aufenthalts- und Arbeitserlaubnis wurden jeweils auf ein Jahr befristet; die Aufenthaltserlaubnis konnte nach der ursprünglichen Fassung nur für höchstens zwei Jahre erteilt werden. Auch der in der Anlage zum Anwerbeabkommen beigelegte Musterarbeitsvertrag sah entsprechend eine Befristung vor. Ebenfalls enthielt das ausdrücklich zu verwendende Vertragsmuster eine Vereinbarung über die Rückreisekosten. Nr. 10 des Abkommens enthielt schließlich eine Rücknahmeverpflichtung der Türkei hinsichtlich der „Gastarbeiter", deren Beschäftigung als „vorübergehendes Phänomen" gedacht war.[16]

b) Integration

Und so musste man sich über Integration auch keine Gedanken machen. Das stand im Einklang mit der damaligen Konzeption, die das Ausländerrecht dem besonderen Sicherheitsrecht zuordnete.[17] Integration heißt zuvorderst: Vermittlung der Sprache.[18] Darüber hinaus geht es aber auch darum, Ausländern Möglichkeiten zu bieten, wirtschaftlich auf eigenen Beinen zu stehen und ihnen die rechtlichen und sozialen Parameter des Zusammenlebens in Deutschland nahezubringen.[19] Bei einer Rotation von „Gastarbeitern" konnte man diese Aspekte weitestgehend ausblenden. Die wirtschaftliche Selbstständigkeit ergab sich aus der Arbeitszuwanderung, für die anderen beiden Integrationsmaßnahmen bestand angesichts nur kurzer Verweildauern kein gesellschaftlicher Bedarf. Ähnliches galt für die Wohnsituation: Zu Anfang der Zuwanderung wohnte der Großteil der „Gastarbeiter" in oft unzureichend ausgestatteten Gemeinschaftsunterkünften.[20] Zuzugeben ist freilich, dass gerade die Einbindung in Arbeit und der damit verbundene soziale Kontakt bereits wichtige integrierende Wirkung entfalte-

---

[16] Barwig, Jahrhundert, S. 43.
[17] Vgl. Dominik Bender, Aufenthaltsgesetz, in: Rainer M. Hofmann (Hrsg.), Ausländerrecht, Baden-Baden ²2016, § 1 Rn. 1 mit weiteren Nachweisen.
[18] Vgl. Anke Clodius, Aufenthaltsgesetz, in: Hofmann (Hrsg.), Ausländerrecht, § 43 Rn. 1.
[19] Vgl. Johannes Eichenhofer, Aufenthaltsgesetz, in: Winfried Kluth/Andreas Heusch (Hrsg.), Beck'scher Online-Kommentar Ausländerrecht, München ¹³2017, § 43 Rn. 3.
[20] Vgl. Jutta Höhne u. a., Die Gastarbeiter – Geschichte und soziale Lage. WSI-Report 16/2014, S. 11; www.boeckler.de/pdf/p_wsi_report_16_2014.pdf.

ten.[21] In der Retrospektive erscheint es nicht verwunderlich, dass es nicht bei der anvisierten Befristung des Aufenthalts blieb. Heribert Prantl bemerkte dazu in der „Süddeutschen Zeitung": „Die Gastarbeiter arbeiteten, sparten, gestalteten das deutsche Wirtschaftswunder mit; sie kauften sich ein Auto, arbeiteten weiter, holten ihre Familien nach oder gründeten welche, machten ein Geschäft auf, sparten noch mehr, bauten sich ein Häuschen: in Deutschland."[22]

Und auf einmal wurden die Versäumnisse offensichtlich: Integrationsgesetzgebung fand praktisch nicht statt, wäre aber dringend nötig gewesen. Erst ab Mitte der 1970er Jahre begann man sich auf Bundes- und Länderebene Gedanken zur Integration zu machen.[23] Eberhard Eichenhofer datierte „erste, eher zaghafte öffentliche Forderungen nach ‚Integration'" gar erst auf Mitte der 1980er Jahre.[24] Zeitlich fanden diese Bemühungen jedenfalls nach dem Anwerbestopp von 1973 statt. Die zuständigen Stellen kamen nicht umhin, sich um die Integration der bereits anwesenden „Gastarbeiter" zu bemühen; weiterer Zuzug sollte aber verhindert werden. Paradoxerweise, so Klaus Barwig, löste der Anwerbestopp jedoch durch den verstärkten Familiennachzug eine neue Zuwanderungswelle aus: „Strukturell begann hier die Einwanderung, die Entscheidung vieler, nicht auf Nimmerwiedersehen zu gehen, sondern die Familie nachzuholen und sich faktisch hier niederzulassen."[25] Das führte auch zu einer jungen Einwanderergeneration, die noch nicht einmal die Einbindung in ein Arbeitsverhältnis und den zugehörigen Betrieb als Verbindung zur Gesamtgesellschaft in Deutschland hatte. Allerdings fehlten die gesetzlichen Grundlagen weitgehend, um diese Herausforderungen zu meistern: „Das Kernproblem lag darin, dass es kein umfassendes, in sich schlüssiges Gesamtkonzept gab, das über Migrationssteuerung hinaus auch auf Integration abgestellt hätte. Deshalb kam es immer wieder zu Doppelungen

---

[21] Vgl. Daniel Thym, Integration kraft Gesetzes? Grenzen und Inhalte des „Integrationsgesetzes" des Bundes, in: ZAR 36 (2016), S. 241–251, hier S. 242.
[22] Heribert Prantl, Deutschland – multikulturell, multireligiös, multiverstört, in: Süddeutsche Zeitung, 6.12.2015.
[23] Vgl. Barwig, Jahrhundert, S. 45 f.
[24] Eberhard Eichenhofer, Solidarität und die Geschichte der Anwerbeabkommen – von Sündenfällen und Lernschritten, in: ZAR 32 (2012), S. 135–142, hier S. 138.
[25] Barwig, Jahrhundert, S. 44; vgl. auch Klaus Bade, Nachholende Integrationspolitik, in: ZAR 25 (2005), S. 217–222, hier S. 218.

hier und Vernachlässigungen dort, aber eben auch zu eklatanten Fehlsteuerungen."[26]

Es blieb bei weitgehend isolierten – und in ihrer Wirkung nicht unumstrittenen – Maßnahmen wie Ausländerschulklassen, selbst wenn Sozialdemokraten schon Ende der 1970er Jahre ein auch auf Integration abzielendes Gesamtkonzept gefordert hatten.[27] Wirklich ändern sollte sich die Situation erst mit dem 2005 in Kraft getretenen Zuwanderungsgesetz, mit dem unter anderem das Aufenthaltsgesetz an die Stelle des Ausländergesetzes trat.

c) Staatsangehörigkeit

Auch der – nach Thomas Groß – zweite Pfeiler eines normativen Einwanderungslands findet sich im Kontext der türkischen „Gastarbeiter"-Zuwanderung wieder. 1999 wurde das Staatsangehörigkeitsgesetz (StAG) reformiert. Üblicherweise leitet sich die deutsche Staatsangehörigkeit von den Eltern ab. Nach § 4 Abs. 1 Satz 1 StAG erwirbt ein Kind, das über mindestens einen Elternteil mit deutscher Staatsangehörigkeit verfügt, bei Geburt ebenfalls die deutsche Staatsangehörigkeit (*ius sanguinis*-Prinzip).[28] Bereits die Zuwanderung der „Gastarbeiter" hatte aber gezeigt, dass Bedarf für den Erwerb der deutschen Staatsbürgerschaft auch für Kinder ausländischer Eltern bestand. Zum Zwecke der Integration erhielt § 4 StAG mit Wirkung vom 1. Januar 2000 unter anderem einen Abs. 3, wonach die Geburt im Inland zur deutschen Staatsangehörigkeit des Kinds führt (*ius soli*-Prinzip).[29] Voraussetzung ist nach § 4 Abs. 3 Satz 1 StAG, dass mindestens ein Elternteil seit nicht weniger als acht Jahren den gewöhnlichen Aufenthalt in Deutschland hat und – etwas verkürzt – über ein unbefristetes Aufenthaltsrecht verfügt. Dieses Modell kann unter Umständen zur doppelten Staatsbürgerschaft führen. Politische Zwänge hatten zur Folge, dass man diesen

---

[26] Ebd.
[27] Vgl. Carolin Butterwegge, Von der „Gastarbeiter"-Anwerbung zum Zuwanderungsgesetz. Migrationsgeschehen und Zuwanderungspolitik in der Bundesrepublik; www.bpb.de/gesellschaft/migration/dossier-migration/56377/migrationspolitik-in-der-brd?p=all.
[28] Vgl. Thomas Oberhäuser, Staatsangehörigkeitsgesetz, in: Hofmann (Hrsg.), Ausländerrecht, § 4 Rn. 1.
[29] Vgl. Günter Renner/Hans-Georg Maaßen, Staatsangehörigkeitsgesetz, in: Kay Hailbronner u. a. (Hrsg.), Staatsangehörigkeitsrecht, München [5]2010, § 4 Rn. 4 und Rn. 71 und nochmals zur Integration in Rn. 89.

Zustand durch § 29 StAG zunächst auf den Zeitraum bis zur Volljährigkeit beschränkte, dann bedurfte es einer Entscheidung des jungen Erwachsenen („Optionspflicht").[30] Obwohl dieser Zwang zur Entscheidung kritisiert wurde, müsse man – so Stephan Hocks – dem Erwerb der deutschen Staatsbürgerschaft durch das *ius soli* eine positive Integrationswirkung bescheinigen. Das gelte umso mehr, nachdem die Optionspflicht für in Deutschland aufgewachsene Kinder ausländischer Eltern – und damit für den weit überwiegenden Teil der ursprünglich von der Regelung Betroffenen – seit 2014 weggefallen ist.[31] All diese Regelungen gelten selbstverständlich nicht nur für Kinder türkischer „Gastarbeiter". Ihre Gruppe stellt aber den weitaus bedeutendsten Anwendungsfall dar, weshalb sie das „Zentrum der rechtspolitischen Überlegungen" bildete.[32]

3. Arbeitszuwanderung und Asyl

a) Migrationssteuerung

Die migrationsrechtliche Debatte unserer Tage ist – zumindest in Deutschland – nicht von der Arbeitszuwanderung geprägt.[33] Zwar ist die Zuwanderung zur Arbeitsaufnahme selbstverständlich auch heute möglich, und ihre Voraussetzungen richten sich vor allem nach dem AufenthG (§§ 18 ff.). Im Zentrum stehen nach wie vor die „Erfordernisse [...] des Wirtschaftsstandorts Deutschland" (§ 18 Abs. 1 Satz 1 AufenthG). Eine echte Anwerbung findet jedoch nicht statt. Der weitaus größte Teil der nach Deutschland eingereisten Ausländer durchläuft aber das Asylverfahren.[34] Deutschland ist – so hört man oft – in der

---

[30] Vgl. Stephan Hocks, Staatsangehörigkeitsgesetz, in: Hofmann (Hrsg.), Ausländerrecht, § 29 Rn. 1.
[31] Vgl. ebd.; ähnlich auch Wolfgang Mosbacher, Die reformierte Optionspflicht im Staatsangehörigkeitsrecht, in: NVwZ 34 (2015), S. 268–271, hier S. 271.
[32] Kay Hailbronner, Optionsregelung und doppelte Staatsangehörigkeit, in: ZAR 33 (2013), S. 357–367, hier S. 360.
[33] Wenngleich auch die Arbeitsmigration sicherlich eine bedeutende Rolle spielt und üblicherweise unter dem Label „Einwanderungsgesetz" diskutiert wird; vgl. aktuell z. B. Roman Lehner/Holger Kolb, Vorschlag zu einem Einwanderungsgesetz – Viel Lärm um wenig, in: ZRP 50 (2017), S. 34–37.
[34] Vgl. Migrationsbericht des Bundesamtes für Migration und Flüchtlinge im Auftrag der Bundesregierung. Migrationsbericht 2015, Berlin 2016, S. 41, Tabelle 1/4.

"Flüchtlingskrise"[35]. Es geht – anders als während der Anwerbung von „Gastarbeitern" – nun nicht zuvorderst um wirtschaftliche Interessen. Die Frage nach dem normativen Einwanderungsland ist aber auch hier relevant, geht es doch auch hier darum, wie die Rechtsordnung mit zugewanderten Ausländern umgeht. In Zeiten vermehrter gemischter Migration sollten nicht nur die Unterschiede der Migrationszwecke hervorgehoben, sondern auch deren Überschneidungen betont werden.

Dabei beschäftigt sich das Flüchtlingsrecht nicht mit der gezielten Förderung der Zuwanderung – Migrationssteuerung ist dennoch ein wichtiges Thema. Dabei ist dem nationalen Gesetzgeber das materielle Flüchtlingsrecht jedoch weitgehend entzogen. Ob ein Asylbewerber in Deutschland bleiben darf, wird maßgeblich bestimmt von Bestimmungen des europäischen Rechts – etwa der Dublin III-Verordnung und der Qualifikationsrichtlinie –, der Genfer Flüchtlingskonvention und der Europäischen Menschenrechtskonvention. Ein steuernder Zugriff des nationalen Gesetzgebers kann so im Wesentlichen nur noch über das Verfahrens- und Sozialrecht sowie, in geringerem Umfang, über den Familiennachzug und das Ausländerrecht erfolgen. Dementsprechend sind es auch diese Bereiche, die sich derzeit in ständigem Wandel befinden.[36] Die Änderungen sind allzu zahlreich, als sie hier abschließend auch nur auflisten zu können; einige Beispiele sollen genügen: die Deklarierung einiger Balkanstaaten als sichere Herkunftsstaaten, die Beschränkung auf Sachleistungen für bestimmte Asylbewerbergruppen in § 1a des Asylbewerberleistungsgesetzes (AsylG), die Suspendierung des Familiennachzugs bei subsidiär Schutzberechtigten und die Einschränkung des Arbeitsmarktzugangs.

b) Integration

Seit dem Beginn der Zuwanderung von Arbeitsmigranten hat sich hinsichtlich der Integration einiges getan. Das Zuwanderungsgesetz läutete 2005 eine Zeitenwende ein – erstmals rückte die nachhaltige Integration von Ausländern in den Fokus. Dieses Leitbild kommt bereits in § 1 AufenthG zum Ausdruck und findet seine Ausgestaltung vor

---

[35] Dabei entfällt auf Europa nur der geringste Teil der derzeitigen weltweiten Fluchtbewegungen, vgl. die umfangreiche Statistiken der UNHCR unter http://popstats.unhcr.org/en/overview#.
[36] Vgl. Daniel Thym, Schnellere und strengere Asylverfahren, in: NVwZ 34 (2015), S. 1625–1633, hier S. 1625; zum Folgenden vgl. ebd., S. 1625 ff.

allem in den §§ 43 ff. AufenthG; § 44 normiert einen Rechtsanspruch auf die Teilnahme an einem Integrationskurs, § 44a AufenthG eine Verpflichtung hierzu. Der Integrationskurs soll, so § 43 Abs. 2 Satz 2, „den Ausländern die Sprache, die Rechtsordnung, die Kultur und die Geschichte in Deutschland erfolgreich [...] vermitteln". Hinzu kamen Änderungen durch das Integrationsgesetz des Bundes[37] und die Einführung eines Integrationsgesetzes in Bayern.[38] Wenngleich die Bestrebungen zu Recht nicht kritiklos blieben, ist doch anzuerkennen, dass Bundes- und Landesgesetzgeber ihre Verantwortung für die Integration in Deutschland lebender Ausländer erkennen und sich ihr stellen. Sicherlich ist das auch eine Lehre aus der Zeit der „Gastarbeiter".

Umso unverständlicher ist die derzeitige Handhabung der Beschäftigungserlaubnis bei laufendem Asylverfahren und Duldung. Wenngleich die Zuwanderung türkischer Arbeitsmigranten geprägt war durch staatliche Versäumnisse in der Integrationspolitik, so blieb den Zuwanderern doch zumindest die Einbindung in das betriebliche Umfeld an ihrem Arbeitsplatz. Die integrative Wirkung von Erwerbsarbeit dürfte weitgehend anerkannt sein.[39] Und so wird heute einerseits – begrüßenswerterweise – die Vorrangprüfung bei der Erteilung der Beschäftigungserlaubnis weitgehend ausgesetzt (§ 32 Abs. 5 Nr. 3 Beschäftigungsverordnung). Andererseits aber unterliegen Asylbewerber aus sicheren Herkunftsstaaten für die Dauer des Asylverfahrens einem Beschäftigungsverbot (§ 61 Abs. 2 Satz 4 AsylG). Zudem wird die Ausbildungsduldung gemäß § 60a Abs. 2 Satz 4 AufenthG trotz gebundenen Anspruchs zum Teil nur äußerst zurückhaltend erteilt. Es kann kaum verwundern, dass die versuchte Abschiebung von Asylbewerbern, die in Ausbildungs- oder Arbeitsverhältnissen stehen, gerade von Seiten der Arbeitgeber auf größtes Unverständnis stößt. Angesichts langer Verfahrensdauern auch für Asylbewerber aus sicheren Herkunftsstaaten und dem ausdrücklichen Interesse der Arbeitgeber an Auszubildenden kann der Verweis auf eine möglicherweise schlechte Bleibeperspektive auch rechtspolitisch nicht überzeugen. Erhebliche Zweifel bestehen zudem hinsichtlich der Vereinbarkeit mit geltendem Recht.

---

[37] Kritisch dazu Frederik von Harbou, Das Integrationsgesetz, in: NVwZ 35 (2016), S. 1193–1199.
[38] Zum Entwurf vgl. Johannes Eichenhofer, Integrationsgesetzgebung, in: ZAR 49 (2016), S. 251–261, hier S. 256.
[39] Vgl. etwa Arbeitsgericht Köln, Urteil vom 10.5.2013 – 20 Ca 9245/12.

Die Entwicklung seit der Zuwanderung türkischer „Gastarbeiter" zeigt, dass Deutschland schon lange zum Einwanderungsland geworden ist. Die aktive Förderung des Zuzugs zur Aufnahme einer Beschäftigung könnte zwar noch deutlich ausgebaut werden, sie ist aber derzeit nicht die drängendste Herausforderung. Für den Umgang mit den hohen Asylbewerberzahlen sind vor allem die Lehren hinsichtlich der Integration relevant. Vor diesem Hintergrund sind die erfolgten Verschärfungen kritisch zu hinterfragen. Den eingeschlagenen Weg zum Einwanderungsland gilt es, konsequent weiterzugehen.

Sakine Yildiz
Deutschland ist (k)ein Einwanderungsland
Die Rückkehrförderungspolitik der Bundesrepublik 1973 bis 1984

1. Vom „Gastarbeiter" zum Zuwanderer

In den ersten drei Jahrzehnten nach dem Ende des Zweiten Weltkriegs bildeten Anwerbeabkommen in vielen europäischen Ländern ein zentrales migrationspolitisches Instrument. Von der Schweiz über Frankreich, Österreich, die Benelux-Staaten, Schweden bis hin zur Bundesrepublik Deutschland – alle schlossen mit Entsendeländern bilaterale Verträge ab und beschäftigten Zuwanderer, um ihre expandierende Wirtschaft mit Arbeitskräften zu versorgen.[1] Die Bundesrepublik schloss Abkommen mit Italien (1955), Spanien und Griechenland (1960), mit der Türkei (1961), mit Marokko (1963), Portugal (1964), Tunesien (1965) und Jugoslawien (1968). Die Zahl der ausländischen Erwerbspersonen stieg in Westdeutschland mit wenigen Unterbrechungen von Jahr zu Jahr stark an und erreichte ihren Höhepunkt 1973 mit rund 2,6 Millionen. Von den rund 14 Millionen ausländischen Arbeitnehmern, die bis 1973 nach Westdeutschland kamen, kehrten rund 11 Millionen in ihre Heimat zurück. Die anderen blieben, holten ihre Familien nach oder gründeten in der Bundesrepublik neue Familien.[2]

Die „Gastarbeiter"[3] wurden von Politik und Gesellschaft bis Anfang der 1970er Jahre als temporäre Arbeitskräfte betrachtet. Daher war

---

[1] Vgl. Ulrich Herbert, Geschichte der Ausländerpolitik in Deutschland. Saisonarbeiter, Zwangsarbeiter, Gastarbeiter, Flüchtlinge, München 2001; Karen Schönwälder, Einwanderung und ethnische Pluralität. Politische Entscheidungen und öffentliche Debatten in Großbritannien und der Bundesrepublik von den 1950er bis zu den 1970er Jahren, Essen 2001; Barbara Sonnenberger, Nationale Migrationspolitik und regionale Erfahrungen. Die Anfänge der Arbeitsmigration in Südhessen 1955–1967, Darmstadt 2003; Klaus J. Bade, Europa in Bewegung. Migration vom späten 18. Jahrhundert bis zur Gegenwart, München 2000.
[2] Vgl. Jochen Oltmer, Einführung: Migrationsverhältnisse und Migrationsregime nach dem Zweiten Weltkrieg, in: Jochen Oltmer/Axel Kreienbrink/Carlos Sanz Díaz (Hrsg.), Das „Gastarbeiter"-System. Arbeitsmigration und ihre Folgen in der Bundesrepublik Deutschland und Westeuropa, München 2012, S. 9–21, hier S. 9 f.
[3] Der Begriff „Gastarbeiter" entstammt der Umgangssprache und wurde bis etwa 1973 amtlich nicht verwendet. Die amtliche Bezeichnung war und blieb

während des „Wirtschaftswunders" Migrationspolitik vor allem Ausländerbeschäftigungs-, also Arbeitsmarktpolitik, die in erster Linie darauf zielte, den Arbeitskräftebedarf der westdeutschen Wirtschaft zu decken und ausländische Arbeitskräfte auf Zeit aufzunehmen.[4] Die Anwerbeabkommen ermöglichten es den Arbeitsmigranten, zeitlich befristet im Aufnahmeland gutes Geld zu verdienen. Dafür übernahmen sie meist schwere Arbeiten, leisteten viele Überstunden und beschränkten ihren Konsum auf ein Minimum, um in wenigen Jahren einen möglichst hohen Betrag anzusparen, den sie schließlich in ihr Heimatland transferierten.[5]

Zu Beginn der Anwerbephase stellten die Italiener das Hauptkontingent an ausländischen Arbeitsmigranten, doch mit dem wirtschaftlichen Aufschwung südlich der Alpen seit 1963 sank der Umfang der Erwerbszuwanderung rapide. Da die italienischen Arbeitnehmer aufgrund der Freizügigkeit in der Europäischen Gemeinschaft (EG) jederzeit in die Bundesrepublik einreisen konnten, herrschte unter ihnen eine beträchtliche Fluktuation. Für die deutschen Arbeitgeber war dieser Umstand nicht hinnehmbar, denn sie erblickten hierin eine Gefährdung der kontinuierlichen Produktion. Nach und nach entwickelte sich geradezu eine Abneigung gegenüber italienischen Arbeitern, da man ihnen „mangelnde Treue" nachsagte.[6]

Die Zahl türkischer Arbeitsmigranten in der Bundesrepublik nahm seit 1961 immer weiter zu und erreichte im Frühjahr 1974 mit 605.000 ihren Höhepunkt.[7] In keinem anderen europäischen Land gab es einen

---

überwiegend „ausländische Arbeitnehmer" oder „Arbeitnehmer aus den Anwerbeländern". Eine Definition des Begriffs durch die Behörden erfolgte nicht; im öffentlichen Sprachgebrauch schwang die Vorstellung mit, dass die Beschäftigung von „Gastarbeitern" nicht von Dauer sein würde. Vgl. Klaus J. Bade, Ausländer, Aussiedler, Asyl, Eine Bestandsaufnahme, München 1994, S. 41.

[4] Vgl. Marcel Berlinghoff, Das Ende der „Gastarbeit". Europäische Anwerbestopps 1970–1974, Paderborn 2013, S. 264; Klaus J. Bade, Ausländer- und Asylpolitik in der Bundesrepublik Deutschland: Grundprobleme und Entwicklungslinien, in: Ursula Mehrländer (Hrsg.), Einwanderungsland Deutschland, Bonn 1993, S. 51–67.

[5] Vgl. Herbert, Ausländerpolitik, S. 212.

[6] Roberto Sala, Vom „Fremdarbeiter" zum „Gastarbeiter". Die Anwerbung italienischer Arbeitskräfte für die deutsche Wirtschaft (1938–1973), in: VfZ 55 (2007), S. 93–121, hier S. 117.

[7] Vgl. Ursula Mehrländer, Bundesrepublik Deutschland, in: Ernst Gehmacher/ Daniel Kubat/Ursula Mehrländer (Hrsg.), Ausländerpolitik im Konflikt. Arbeits-

ähnlich starken Zuwachs. Wie erklärt sich diese Entwicklung? Zunächst hatte die Bundesregierung die Türkei als Reserveanwerbeland betrachtet; dort sollten nur dann Arbeitskräfte angeworben werden, wenn sie andernorts nicht ausreichend zur Verfügung standen. Mit dem Mauerbau im August 1961 endete der Zustrom von DDR-Zuwanderern; zugleich ließ das allmählich schrumpfende Reservoir an qualifizierten Arbeitsmigranten in den anderen Anwerbeländern die Nachfrage nach türkischen Arbeitskräften steigen.[8] In Deutschland galten die türkischen Arbeitnehmer als diszipliniert, anspruchslos und arbeitswillig.[9] Von der Presse wurden sie bis Anfang der 1970er Jahre als „sauber", „geschickt", „traditionsgebunden" und „bescheiden" bezeichnet[10] und als Menschen beschrieben, die aus einer vormodernen Gesellschaft stammten – „rückschrittlich", aber „unverdorben"[11].

Nachdem die türkische Bevölkerung in der Bundesrepublik zu Beginn der 1970er Jahre stark angewachsen war, wurden Klagen über eine Überlastung der Infrastruktur in Gebieten mit vielen Ausländern und Beschwerden über die damit einhergehenden sozialen Veränderungen in der deutschen Presse immer lauter. Diese Berichterstattung führte zu einer immer negativeren Wahrnehmung der Türken. In der „Frankfurter Allgemeinen Zeitung" erschien etwa im Sommer 1973 ein kritischer Artikel unter der provokanten Überschrift „Werden die Türken die Neger des Ruhrgebiets?"[12] Der Präsident der Bundesanstalt für Arbeit, Josef Stingl, verstärkte mit der Prognose, ab 1976 sei mit dem weiteren Zuzug von mehr als einer Million Türken zu rechnen, die Angst vor einer wahren Invasion der Türken.[13] Der „Spiegel" griff diese

---

kräfte oder Einwanderer? Konzepte der Aufnahme- und Entsendeländer, Bonn 1978, S. 115–138, hier S. 135.
[8] Vgl. Karin Hunn, „Nächstes Jahr kehren wir zurück..." Die Geschichte der türkischen „Gastarbeiter" in der Bundesrepublik, Göttingen 2005, S. 67.
[9] Vgl. ebd., S. 101 ff.; Stefan Luft, Skandal und Konflikt: Deutsch-türkische Themen, in: APuZ 59 (2011) H. 43, S. 9–14, hier S. 9.
[10] Juan Manuel Delgano, Die „Gastarbeiter" in der Presse, Opladen 1972, S. 111, und Luft, Skandal und Konflikt, S. 9.
[11] Ebd.; vgl. auch Karen Schönwälder, Zukunftsblindheit oder Steuerungsversagen? Zur Ausländerpolitik der Bundesregierungen der 1960er und frühen 1970er Jahre, in: Jochen Oltmer (Hrsg.), Migration steuern und verwalten. Deutschland vom späten 19. Jahrhundert bis zur Gegenwart, Göttingen 2003, S. 123–144.
[12] Werden die Türken die Neger des Ruhrgebiets?, in: Frankfurter Allgemeine Zeitung, 20. 8. 1973
[13] Die Türken kommen – rette sich, wer kann, in: Der Spiegel, 30. 7. 1973.

Stimmung auf und brachte eine Titelgeschichte „Die Türken kommen – rette sich, wer kann"; dass die Mehrzahl der Türken legal eingereist war, ignorierte das Hamburger Magazin, das die Arbeitsmigranten „mit einem über die Bundesrepublik herfallenden Heuschreckenschwarm" verglich.[14]

1973 bezeichnete Bundesinnenminister Hans-Dietrich Genscher (FDP) die Bundesrepublik als Einwanderungsland und forderte eine Einwanderungspolitik[15], fand aber in der Bundesregierung kein Gehör. Die Bundesrepublik entwickelte sich aufgrund der Ausländerbeschäftigung zu einem „Einwanderungsland wider Willen"[16]. Eine der Ursachen war neben der immer länger werdenden Aufenthaltsdauer der Ausländer die Dynamik des Familiennachzugs, der noch viele Jahrzehnte anhalten sollte. Im Gegensatz zu Genscher vertrat Arbeitsminister Walter Arendt (SPD) die Auffassung, dass die Bundesrepublik Deutschland kein „klassisches Einwanderungsland" sei und davon ausgegangen werden müsse, „dass die Menschen, die zur Arbeit in unser Land kommen, nach einiger Zeit freiwillig in ihr Heimatland zurückkehren, und dort zur Weiterentwicklung ihres Landes beitragen"[17].

Nachdem Arendt im Juni 1973 das „Aktionsprogramm zur Ausländerbeschäftigung" veröffentlicht hatte[18] und im November der Anwerbestopp verhängt worden war, verfolgte die Ausländerpolitik der sozial-liberalen Bundesregierung eine „Doppelstrategie", die sowohl auf die Integration der verbleibenden Migranten setzte als auch die Rückkehr möglichst vieler Ausländer in ihre Heimatländer vorsah.[19]

---

[14] Karin Hunn, „Türken sind auch nur Menschen..." Vom „Gastarbeiter" zum „Zuwanderer", in: Mathias Beer (Hrsg.), Baden-Württemberg – eine Zuwanderungsgeschichte, Stuttgart 2014, S. 231–281, hier S. 259.
[15] Vgl. ebd., S. 522; Klaudia Tietze, Einwanderung und die deutschen Parteien. Akzeptanz und Abwehr von Migranten im Widerstand in der Programmatik von SPD, FDP, den Grünen und CDU/CSU, Berlin 2008, S. 11.
[16] Klaus J. Bade, Migration und Integration: Historische Erfahrungen und aktuelle Herausforderungen. Vortragsmanuskript vom 13.9.2012, S. 7; www.freiburg.de/pb/site/Freiburg/get/412761/Vielfalt%20macht%20den%20Unterschied_Vortrag_Prof_Bade.pdf.
[17] Zit. nach Schönwälder, Zukunftsblindheit, S. 140.
[18] Vgl. Walter Arendt, Aktionsprogramm für Ausländerbeschäftigung: Bericht der Bundesregierung aus der Kabinettsitzung am 6.6.1973, in: Bulletin des Presse- und Informationsamtes der Bundesregierung, Bonn 1973, S. 693 f.
[19] Herbert, Ausländerpolitik, S. 244; vgl. auch Michael Bommes, Von „Gastarbeitern" zu Einwanderern: Arbeitsmigration in Niedersachsen, in: Klaus J. Bade (Hrsg.), Fremde im Land. Zuwanderung und Eingliederung im Raum

Während der Anwerbestopp 1973 die Einwanderung weiterer Arbeitsmigranten beschränkte, förderte er ungewollt den Familiennachzug, zumal Migranten aus Ländern, die nicht der EG angehörten, nicht wieder in die Bundesrepublik einreisen konnten, wenn sie das Bundesgebiet einmal dauerhaft verlassen hatten.[20]

2. Die Politik der Rückkehrförderung

Auf Bundesebene teilten sich das Arbeits- und das Innenressort die Zuständigkeit für die Migranten. Weil im Kabinett vor 1973 keine umfassende und grundsätzliche Diskussion über die Ausländerpolitik stattgefunden hatte, fehlte es der Bundesregierung an klaren Richtlinien, in welche Richtung sich die Ausländerpolitik entwickeln sollte, was wiederum den einzelnen Bundesministerien ein eigenständiges, unkoordiniertes Agieren ermöglichte.[21] Das Bundesministerium für Arbeit und Sozialordnung (BMA) verfolgte in den folgenden Jahren das Ziel, den Rückkehrwunsch der in der Bundesrepublik lebenden Ausländer zu fördern, ohne dabei alle diesbezüglichen Überlegungen nach außen dringen zu lassen.[22] Zu diesen Bestrebungen gehörte etwa die Senkung des Kindergelds. Das BMA beschloss, ab dem 1. Januar 1975 das Kindergeld für die im Ausland lebenden Kinder ausländischer Arbeitnehmer zu reduzieren.[23] Bis Ende 1973 zahlte die Bundesregierung Kindergeld an 900.000 im Ausland lebende „Gastarbeiterkinder". Seit 1975 wurde es einkommensunabhängig nach bestimmten Sätzen gezahlt, die sich an den Lebenshaltungskosten in den Herkunftsländern orientierten.

Ein weiteres Instrument der Rückkehrförderung waren die Türkischen Arbeitnehmergesellschaften (TANG), die seit Mitte der 1960er Jahre von Arbeitnehmern in der Türkei gegründet wurden. Sie bildeten

---

Niedersachsen seit dem Zweiten Weltkrieg, Osnabrück 1997, S. 249–322, hier S. 261.
[20] Vgl. Ursula Birsl, Deutschland, in: Wolfgang Gieler (Hrsg.), Handbuch der Ausländer- und Zuwanderungspolitik. Von Afghanistan bis Zypern, Münster 2003, S. 129–147, hier S. 131.
[21] Vgl. Berlinghoff, Ende der Gastarbeit, S. 143 f.; Schönwälder, Zukunftsblindheit, S. 134.
[22] BArch, B 149/46782, Abteilung II, Ausländische Arbeitnehmer, hier: Rückkehrerhilfe, o. D. (1973).
[23] Vgl. BGBl. 1975 II, S. 373 ff: Gesetz zu dem Zwischenabkommen vom 25.10.1974 zur Änderung des Abkommens vom 30. 4. 1964 zwischen der Bundesrepublik Deutschland und der Republik Türkei über Soziale Sicherheit vom 1. April 1975.

eine Form der Selbsthilfe im Ausland lebender Türken und waren de facto die einzige Möglichkeit, um Investitionen in der Türkei vorzunehmen. „Auslandstürken" in Westeuropa und ehemalige Migranten konnten Aktionäre werden, indem sie ihre Ersparnisse im Produktionsbereich der Türkei investierten.[24] Das Bundesministerium für wirtschaftliche Zusammenarbeit und Entwicklung (BMZ) verfolgte mit Interesse die Bemühungen der TANG, denn es versprach sich von den Arbeitnehmergesellschaften neben einem Beitrag zur Reintegration der türkischen Arbeitnehmer in ihr Heimatland vor allem zusätzliche Arbeitsplätze, so dass die in der Bundesrepublik lebenden Türken einen Anreiz erhielten, Deutschland zu verlassen. Die TANG waren jedoch nicht besonders erfolgreich. 1982 wurden gerade einmal 60 der 322 Arbeitnehmergesellschaften vom BMZ als förderungswürdig angesehen.

Ende 1979 veröffentlichte der erste Bundesbeauftragte für Ausländerfragen, der Sozialdemokrat Heinz Kühn, ein Memorandum und nannte darin die gravierenden Probleme beim Namen, die aus der Ausländerbeschäftigung entstanden waren. Deutlich kritisierte er „die bisherige Entwicklung und die bisherigen Maßnahmen", die „offenbar zu sehr von der Priorität arbeitsmarktpolitischer Gesichtspunkte geprägt" gewesen seien, „während die ebenso wichtigen sozial- und gesellschaftspolitischen Postulate nachrangig erschienen"[25]. Die unmissverständlich geäußerte Erkenntnis, die Bundesrepublik Deutschland sei faktisch zum Einwanderungsland geworden und müsse den bleibewilligen Ausländern Integrationsangebote machen, verblüffte die Beobachter der Ausländerpolitik. Um seine Thesen zu unterstreichen, ging Kühn von den Bleibeabsichten der ausländischen Bevölkerungsgruppen aus und kam zu dem Ergebnis, dass es einen starken Trend zur Niederlassung gab. Über 25 Prozent der Ausländer lebten schon mehr als zehn Jahre in der Bundesrepublik, der Rest überwiegend seit sechs Jahren. In einer regionalen Repräsentativerhebung erklärten fast 42 Prozent der Ausländerinnen und Ausländer, „keine

---

[24] Bis 1983 hatten insgesamt 345.065 Aktionäre, davon 154.820 im Ausland lebend, etwa 2,7 Milliarden DM für die Gründung von 322 Arbeitnehmergesellschaften aufgebracht. Vgl. Harun Gümrükçü, Auf dem Rückweg in die Türkei, in: Nord-Süd aktuell 3 (1989), S. 531–539, hier S. 535.
[25] BArch, B 149/83780, Heinz Kühn, Stand und Weiterentwicklung der Integration der ausländischen Arbeitnehmer und ihrer Familien in der Bundesrepublik Deutschland. Memorandum des Beauftragten der Bundesregierung, Bonn 1979, S. 8 f.; das Folgenden nach ebd.

Rückkehrabsichten zu haben". Alles sprach für eine hohe und dauerhafte Ausländerquote, die zudem einen erheblichen Anteil an jüngeren Menschen aufwies.

Die Diskussion um die faktische Einwanderung der ehemaligen „Gastarbeiter" war immer auch ein Streit um deren Assimilation; diese hätte zu einer unumkehrbaren Integration der Ausländer geführt, die aber von vielen Deutschen nachdrücklich abgelehnt wurde. Mitte 1978 stieß die CDU/CSU-Fraktion im Bundestag eine Diskussion über die Zukunftschancen der Kinder ausländischer Arbeitnehmer an, thematisierte deren Benachteiligung, lehnte ihre „Eindeutschung" aber ab. Die Unionspolitiker bezeichneten die ausländischen Kinder als „Generation der Hoffnungslosigkeit" und forderten von der Regierung, „keine Politik der Eindeutschung und keine Politik der Entfremdung von der Familie" zu betreiben. Vielmehr solle den jungen Menschen „die frei gewählte Entscheidung zur Rückkehr" überlassen bleiben, sobald sie volljährig seien.[26] Doch die von Kühn angemahnte Kehrtwende in der Ausländerpolitik blieb aus, denn die Bundesregierung folgte den Vorschlägen ihres Ausländerbeauftragten nicht, sondern lehnte es ab, die Bundesrepublik als Einwanderungsland zu betrachten.[27]

Die türkische Bevölkerung in der Bundesrepublik nahm von 1979 auf 1980 um rund 200.000 Personen zu. Etwa die Hälfte entfiel dabei auf den Familiennachzug, ein Drittel auf die Zuwanderung von Asylbewerbern, der Rest auf den „Ausländer-Geburtenüberschuss"[28]. Mehr als die Hälfte aller Asylbewerber in der Bundesrepublik stammte 1980 aus der Türkei, und dies führte erneut zu einer Welle der Antipathie gegenüber den schon seit vielen Jahren in Deutschland ansässigen

---

[26] Eine andere Position vertrat Norbert Eimer (FDP): Die Mehrzahl der Forderungen von CDU und CSU fielen in die Zuständigkeit von Ländern und Gemeinden. Zudem seien die Probleme in der Öffentlichkeit nicht genügend bekannt. Auch die Parteien müssten ihre Einstellung gegenüber den Ausländern ändern, dies in der Öffentlichkeit zeigen und damit den Versuch unternehmen, sie aus ihrer Isolation herauszuführen. Auch müsse man den Ausländern die Möglichkeit geben, gleichberechtigte Staatsbürger zu werden – wenn sie dies wünschten –, und dafür sorgen, „dass sie ihrer eigenen Sprache und Kultur nicht entfremdet werden, ohne bei uns integriert zu werden". Stenografischer Bericht über die Sitzung des Deutschen Bundestags am 14.6.1978, S. 7719 ff, hier S. 7720.
[27] Vgl. Karl-Heinz Meier-Braun, Integration und Rückkehr? Zur Ausländerpolitik des Bundes und der Länder, insbesondere Baden-Württembergs, Mainz 1988, S. 18.
[28] Vgl. Herbert, Ausländerpolitik, S. 247.

türkischen Migranten.[29] Vor und nach dem Militärputsch 1980 kam es in der Türkei zu Verfolgung und Diskriminierung tausender Menschen aufgrund ihrer politischen Einstellung und ethnischen Herkunft. Zehntausende türkische Staatsangehörige flohen daraufhin ins Ausland; eine große Zahl suchte in der Bundesrepublik Schutz. Sowohl in der Presse als auch bei den Gewerkschaften wurden Stimmen laut, die in der wachsenden Zahl von Asylbewerbern nichts anderes sahen als „Missbrauch, um den Anwerbestopp zu unterlaufen"[30]. Die Bundesregierung reagierte im Sommer 1980 mit der Einführung einer allgemeinen Visumpflicht für einreisende türkische Staatsangehörige, um die Zahl türkischer Asylbewerber in Deutschland zu reduzieren und die Attraktivität der Bundesrepublik zu schmälern.[31] Bis dahin hatte für Türken das Touristenprivileg nach der Durchführungsverordnung zum Ausländergesetz gegolten.

1981 schränkte die sozial-liberale Koalition die Familienzusammenführung ein und senkte das Nachzugsalter für ausländische Jugendliche von höchstens 18 auf 16 Jahre. Zuvor hatten die Kinder ausländischer Arbeitnehmer bis zu ihrem 18. Lebensjahr keine Aufenthaltsgenehmigung benötigt, und deshalb entschieden sich immer mehr Eltern dafür, ihre Kinder zu sich zu holen.[32] Die Kindergeldreform von 1975 tat ihr Übriges, so dass die Zahl der türkischen Kinder und Jugendlichen immer weiter stieg. Diese Entwicklung galt in Politik und Gesellschaft weithin als sehr problematisch, da mehr Kinder mit Migrationshintergrund auch den Ausländeranteil in Kindergärten und Schulen kontinuierlich anwachsen ließen, was viele deutsche Eltern beklagten.[33]

Die Einführung der Visumpflicht für türkische Staatsangehörige sowie die Senkung des Nachzugsalters zählten zu den wichtigsten Instrumenten, um zu verhindern, dass immer mehr Türkinnen und Türken ins Land kamen. Diese Politik wurde damit begründet, dass Integration ausschließlich durch Begrenzung oder Verringerung der

[29] Vgl. Ursula Münch, Asylpolitik in der Bundesrepublik Deutschland. Entwicklung und Alternativen, Opladen 1993, S. 78 f., und Hunn, Nächstes Jahr, S. 454.
[30] Ebd., S. 455; vgl. auch Dämme gegen die Asylanten-Springflut, in: Frankfurter Allgemeine Zeitung, 28.5.1980.
[31] Vgl. Tim Szatkowski, Die Bundesrepublik Deutschland und die Türkei 1978 bis 1983, Berlin/Boston 2016, S. 101–125.
[32] Vgl. Klaus Barwig, Ein halbes Jahrhundert Arbeitsmigration nach Deutschland – Ein halbes Jahrhundert Familiennachzug, in: ZAR 34 (2014). S. 42–51, hier S. 44.
[33] Vgl. Schulen – Glück auf, in: Der Spiegel, 12.10.1981, und „Wir können nicht mal sagen, was wir fühlen", in: Der Spiegel, 15.11.1982.

Ausländerzahl erreicht werden könne; dies galt insbesondere für die türkische Wohnbevölkerung. Jedoch blieb dabei unberücksichtigt, dass die Familienzusammenführung die Integration stärkte. Schließlich verlagerte der ausländische Arbeitnehmer mit der Entscheidung, Frau und Kinder zu sich zu holen, seinen Lebensmittelpunkt vollends nach Deutschland und entschied sich damit für die Bundesrepublik. Die Familie wurde in ihrer Bedeutung für das Integrationsgeschehen verkannt, und die Behörden legten dem Zusammenleben der Eltern mit ihren Kindern eher Steine in den Weg, als es zu fördern. So bestand in der sozial-liberalen Bundesregierung um die Jahreswende 1981/82 „Einigkeit [darin], dass die Bundesrepublik Deutschland kein Einwanderungsland ist und auch nicht werden soll."[34]

3. Das Rückkehrförderungsgesetz

Die neben der Begrenzungspolitik entstandene Rückkehrförderungspolitik spiegelte sich in der 1981 gegründeten interministeriellen Arbeitsgruppe Rückkehrförderung wider, die prüfen sollte, inwieweit sich finanzielle Anreize auf die Rückkehrbereitschaft von Ausländern auswirkten. Genauer gesagt ging es um eine Prämie für arbeitslose Ausländer im Fall ihrer endgültigen Rückkehr in die Heimat. Als Orientierungsgröße galten die Leistungen bei Arbeitslosigkeit, deren durchschnittliche Dauer bei Ausländern 5,5 Monate betrug und sich auf eine monatliche Zahlung von etwa 1000 DM belief. Hinzu kamen Krankenversicherungs- und Rentenversicherungsbeiträge von 600 DM im Monat. Insgesamt machte dies eine monatliche Summe in Höhe von 1600 DM pro ausländischem Arbeitslosen aus. Die Arbeitsgruppe multiplizierte diese Summe mit der durchschnittlichen Dauer des Leistungsbezugs von fünf Monaten und errechnete pro Rückkehrer einen Betrag in Höhe von 8000 DM. Letztendlich erachtete die Arbeitsgruppe die Rückkehrprämie als ungeeignet, weil sich der Mitnahmeeffekt nicht so eingrenzen ließ wie gewünscht.[35]

Im Oktober 1982 kam es jedoch zu einem Regierungswechsel, und Helmut Kohl wurde Kanzler einer Koalitionsregierung von CDU, CSU

---

[34] Ausländer- und Asylpolitik in der Bundesrepublik Deutschland, hrsg. vom Bundesministerium des Innern, Bonn 1998, S. 10.
[35] Vgl. dazu ausführlich mit weiteren Verweisen Sakine Yildiz, Erkaufte Rückkehr? Die Abwanderung türkischer „Gastarbeiter/innen" aus Westdeutschland 1973 bis 1984, Diss. Osnabrück 2017, S. 160–193.

und FDP. Der neue Bundeskanzler stellte in seiner Regierungserklärung die Ausländerpolitik als einen der vier Schwerpunkte seines „Dringlichkeitsprogramms" vor und stellte sie so gleichberechtigt neben die Wirtschafts- und Außenpolitik. Die christlich-liberale Regierung verfolgte das Ziel, die Ausländerzahl deutlich zu verringern und den weiteren Zuzug zu stoppen. Zu diesem Zweck veröffentlichte die Bundesregierung am 22. Juni 1983 einen „Gesetzesentwurf zur befristeten Förderung der Rückkehrbereitschaft von Ausländern", der die Zahlung einer Rückkehrhilfe sowie Maßnahmen zum Abbau von sogenannten Rückkehrhemmnissen vorsah, wozu etwa die vorzeitige Erstattung der Arbeitnehmerbeiträge aus der Rentenversicherung gehörte. Eine Rückkehrhilfe konnten nach dem Gesetzesentwurf Arbeitnehmer aus Jugoslawien, Korea, Marokko, Portugal, Spanien, Tunesien und der Türkei erhalten, wenn sie aufgrund einer Betriebsstilllegung oder Konkursmeldung ihres Arbeitgebers nach dem 30. Oktober 1983 arbeitslos wurden. Eine Hilfe bekamen ebenso diejenigen, die bei Antragstellung mindestens sechs Monate von Kurzarbeit betroffen waren und gemeinsam mit ihrer ganzen Familie in die Heimat zurückkehrten. Die Rückkehrhilfe betrug 10.500 DM zuzüglich je 1500 DM für den Ehepartner und jedes Kind. Die Anträge konnten bis Ende Juni 1984 gestellt werden.

Das Rückkehrförderungsgesetz wurde schließlich am 10. November 1983 vom Bundestag verabschiedet. Neben der Rückkehrhilfe erhielten die Antragsteller ihre Rentenversicherungsbeiträge ausbezahlt. Darüber hinaus durften die ausländischen Arbeiter bei Rückkehr über ihre staatlich begünstigten Spareinlagen in Form von Bausparverträgen, Sparverträgen oder vermögenswirksamen Lebensversicherungen bereits vor Ablauf der Festlegungsfristen ohne Verlust der staatlichen Vergünstigungen verfügen.

Helmut Kohl machte keinen Hehl daraus, welche Ausländergruppe er zur Rückkehr animieren wolle, und bekräftigte, dass die Zahl der Türken in der Bundesrepublik reduziert werden müsse – und zwar um bis zu 50 Prozent, wie er – so der „Spiegel" in einem Bericht über vor einigen Jahren freigegebene britische Dokumente – der britischen Premierministerin Margaret Thatcher erklärte. „Deutschland habe kein Problem mit den Portugiesen, den Italienern, selbst den Südostasiaten, weil diese Gemeinschaften sich gut integrierten". Die Türken kämen jedoch „aus einer sehr andersartigen Kultur. […] Deutschland habe 11 Millionen Deutsche aus osteuropäischen Ländern integriert.

Aber diese seien Europäer und stellten daher kein Problem dar." Die Türken seien nun einmal „nicht integrationsfähig und auch im Übrigen nicht integrationswillig."[36]

Mit dem Wechsel von der sozial-liberalen zur christlich-liberalen Koalition 1982 intensivierte sich die Abgrenzungspolitik gegenüber Ausländern, die nicht aus der EG stammten. Sichtbarster Ausdruck war das Rückkehrförderungsgesetz. Insgesamt 300.000 Ausländer sollen die Rückkehrhilfe 1983/84 in Anspruch genommen haben und in ihr Heimatland zurückgekehrt sein. Die Bundesregierung feierte das Gesetz als vollen Erfolg[37] – und das lag auf der Linie ihrer Politik seit den 1970er Jahren. Obwohl die Zahl der Migranten und ihre Verweildauer in der Bundesrepublik stiegen, weigerte sich sowohl die Regierung Schmidt/Genscher als auch die Regierung Kohl/Genscher, die Bundesrepublik als Einwanderungsland zu bezeichnen. Erst 1998 fand die rot-grüne Bundesregierung von Gerhard Schröder offiziell zu einer neuen Position: „Wir erkennen an, dass ein unumkehrbarer Zuwanderungsprozess in der Vergangenheit stattgefunden hat und setzten auf die Integration der auf Dauer bei uns lebenden Zuwanderer, die sich zu unseren Verfassungswerten bekennen."[38]

---

[36] Claus Hecking, Kohl wollte offensichtlich jeden zweiten Türken loswerden, in: Spiegel online, 1.8.2013; http://www.spiegel.de/politik/deutschland/kohl-wollte-jeden-zweiten-tuerken-in-deutschland-loswerden-a-914318.html.
[37] Vgl. Rückkehrhilfe war für Bonn ein voller Erfolg, in: Kölner Stadt-Anzeiger, 2.8.1984; Blüm sieht Erfolg der Rückkehrhilfe, in: Kölnische Rundschau, 3.12.1983; Die Renten sind sicher, in: Union in Deutschland 39 (1985) Nr. 6, 14.2.1985, S. 3; www.kas.de/c/document_library/get_file?uuid=c664329b-5e97-f758-26d1-0ec125facb0f&groupId=252038; Norbert Blüm, „Unsere Bilanz ist eine Erfolgsbilanz – Solidarität und Stabilität zahlen sich aus", in: Union in Deutschland 40 (1986) Nr. 32, 23.10.1986, Beilage: CDU-Dokumentation 32/1986, S. 29; www.kas.de/c/document_library/get_file?uuid=417223c8-361c-094c-688f-8ad49cd42ab0&groupId=252038.
[38] Aufbruch und Erneuerung – Deutschlands Weg ins 21. Jahrhundert. Koalitionsvereinbarung zwischen der Sozialdemokratischen Partei Deutschlands und Bündnis 90/Die Grünen, 20.10.1998, Kapitel IX Punkt 7, abgedruckt in: Das Parlament, 30.10.1998, S. 9.

Ger Duijzings
Der Bürgerkrieg in Jugoslawien als Fluchtursache
Impressionen eines Sozialanthropologen

1. Krieg an der Peripherie Europas

Dieser Beitrag dreht sich um die Kriege im ehemaligen Jugoslawien, die in der neueren europäischen Geschichte als die brutalsten nach dem Zweiten Weltkrieg gelten. Ich habe mich als Sozialanthropologe intensiv mit diesen Kriegen beschäftigt, das erste Mal Anfang der 1990er Jahre, als ich als Doktorand in Jugoslawien meine Feldforschungen unternahm und mit den Kriegen ungewollt konfrontiert wurde. Das Dorf im Kosovo, wo ich mich 1991 und 1992 einige Zeit aufhielt, war indirekt vom Krieg betroffen, und die Bevölkerung beschloss, das Dorf zu verlassen und nach Kroatien zu flüchten. Ich werde auf „mein Dorf", wie Sozialanthropologen das so liebevoll sagen, also auf diesen konkreten Fall von Migration aufgrund von Kriegsdrohung zurückkommen, auch deswegen, weil mich als Anthropologe vor allem die Perspektive der ganz einfachen Menschen, der „kleinen Leute" interessiert.

Ich möchte zuerst einmal daran erinnern, was damals in Jugoslawien geschehen ist. Man kann sagen, dass die Desintegration dieses Staats mit dem Tod Titos 1980 angefangen hat. Mitte der 1980er Jahren kam dann in Serbien Slobodan Milošević an die Macht, der versuchte, mit nationalistischen Parolen die Position Serbiens in der Föderation zu stärken. Das führte – vereinfacht gesagt – in den anderen Republiken zu einer Gegenreaktion und am Ende zu Unabhängigkeitsbestrebungen. Nach Volksabstimmungen erklärten zunächst Slowenien und Kroatien im Juni 1991 ihre Unabhängigkeit, gefolgt von Mazedonien im November 1991 sowie Bosnien und Herzegowina im März 1992. Die Jugoslawische Volksarmee versuchte, die Unabhängigkeitsbestrebungen zu vereiteln, in Kroatien auch mit Hilfe von paramilitärischen Einheiten und Freischärlern, unterstützt von der serbischen Minderheit, die einen Anschluss ihrer Siedlungsgebiete an Serbien erzwingen wollte. 1992 weitete sich der Krieg auch auf Bosnien und Herzegowina aus. Nachdem die Kriege in Kroatien und Bosnien durch das Abkommen von Dayton am 21. November 1995 beendet wurden, fand 1998 bis 1999 dann noch ein Krieg im Kosovo statt.

Massenvertreibungen, ethnische Säuberungen, Völkermord: Jahrelang wurde die internationale Öffentlichkeit mit den verheerenden Folgen der Jugoslawien-Kriege konfrontiert. Neben zerstörten Städten und etwa 140.000 Toten zählen Millionen von Flüchtlingen zu den schwersten Folgen dieses blutigen Konflikts. Die Bevölkerungsstruktur von Kroatien, Bosnien-Herzegowina und dem Kosovo wurde im Zuge dieser Kriege zum Teil massiv verändert. Es folgten große Bevölkerungsbewegungen über die Grenzen der neu gegründeten Nationalstaaten hinweg. Ethnische Säuberungen und andere Formen ethno-demografischen *Engineerings* führten zu einem irreversiblen Prozess ethnischer „Entmischung", der die ethno-demografische Zusammensetzung der gesamten Region radikal verändert hat.

Jugoslawien teilte damit das Schicksal vieler anderer Regionen Mitteleuropas, wo in den großen Kriegen des 20. Jahrhunderts eine komplexe ethnische Situation „vereinfacht" wurde. In den gemischten Siedlungsgebieten Kroatiens, Bosniens und Serbiens setzte die dominierende Bevölkerungsgruppe einen Prozess der „demografischen Säuberung" und „kulturellen Reinigung" ins Werk, um Minderheiten zu vertreiben und ihr kulturelles Erbe wie Kirchen oder Moscheen zu zerstören.

Eine Folge davon waren zahllose Flüchtlinge, die entweder in Deutschland und Österreich Zuflucht fanden oder aus ihren Häusern vertrieben und in ihre angebliche Heimat abgeschoben wurden. Allein der Konflikt in Bosnien löste die Flucht von 1,2 Millionen Menschen aus. Die meisten dieser Flüchtlinge – 320.000 Menschen – gingen nach Deutschland, es folgten Serbien und Montenegro mit fast 300.000, Kroatien mit 170.000 und Österreich mit fast 90.000. Im Sommer 1995 mussten wiederum rund 250.000 Serben Kroatien verlassen, die meisten gingen nach Serbien. Der Kosovo-Krieg 1998/99 hatte die Flucht von 600.000 Menschen zur Folge; die Mehrheit flüchtete nach Albanien und Mazedonien.

Laut Schätzungen des UN-Hochkommissariats für Flüchtlinge waren während der Jugoslawien-Kriege mindestens zwischen zwei und drei Millionen Menschen als Flüchtlinge registriert; mehr als 700.000 flohen über die Grenzen des ehemaligen Jugoslawien, die meisten nach Deutschland. Die Bundesrepublik Deutschland nahm, in absoluten Zahlen betrachtet, mit 350.000 die meisten Bürgerkriegsflüchtlinge aus dem ehemaligen Jugoslawien auf. Die Integration verlief relativ unproblematisch, da Jugoslawien schon eine lange Tradition der Arbeitsmigration nach Deutschland hatte. Ab Ende 1960er Jahren kamen sehr viele Jugoslawen aus alle Teilen Jugoslawiens als „Gastarbeiter" nach Deutschland, nachdem die Regierungen der Bundesrepublik und Jugoslawiens 1968 ein sogenanntes Anwerbeabkommen unterzeichnet hatten. Nach dem Ende des Bürgerkriegs gingen – nolens volens – sehr viele Flüchtlinge wieder zurück und ließen sich in den Nachfolgestaaten Jugoslawiens nieder.

2. Mein eigenes Beispiel, eine kleine anthropologische Fußnote in der Geschichte

Ich kam mit dieser großen Völkerwanderung in Berührung, als ich – seinerzeit ein junger Forscher – in einem kroatisch-katholischen Dorf im Kosovo tätig war. Mein Bericht bietet vor allem die Perspektive ganz einfacher Menschen, wie sie zur Flucht getrieben wurden und was sie nach ihrer Flucht erwartete. Ich forschte damals in Letnica, weit weg vom kroatischen „Mutterland", im Süden von Jugoslawien an der Grenze mit Mazedonien. Obwohl es im Kosovo zu dieser Zeit keinen Krieg gab, beschloss die kroatische Bevölkerung 1992, innerhalb weniger Monate zu fliehen, ihre Häuser zu verlassen und nur das Nötigste mitzunehmen. Die Dorfbewohner suchten Zuflucht in Kroatien, wo die meisten von ihnen ins westlichen Slawonien umgesiedelt wurden, in ehemals serbische Dörfer, die von der kroatischen Armee erobert worden waren.

Letnica war das geografische, administrative und religiöse Zentrum einiger kroatischer Dörfer in diesem Teil des Kosovo, die zusammen eine Enklave in einem Gebiet bildeten, das hauptsächlich von orthodoxen Serben und muslimischen Albanern bewohnt wurde. Diese Kroaten waren vor einigen Jahrhunderten aus Dalmatien gekommen, um in den Minen des mittelalterlichen Serbien zu arbeiten und Handel zu treiben. Die Kirche von Letnica war für lange Zeit die einzige katholische Kirche in dieser Region; Letnica galt daher auch als bekannter Wallfahrtsort. Die Kirche wurde von Tausenden von Pilgern verschiedenen ethnischen und religiösen Hintergrunds besucht, um die Madonna von Letnica zu sehen und sie um Hilfe zu bitten. Diese Wallfahrt war das Thema meiner Feldforschung.

Alle diese Siedlungen waren Teil der Gemeinde Vitina, wo die Macht damals ganz in serbischer Hand war, obwohl die Serben nicht mehr als 17 Prozent der Bevölkerung ausmachten. Ihre Hochburg war die Kleinstadt Vitina, etwa zwölf Kilometer von Letnica entfernt. Dann gab es zwei serbische Dörfer auf dem Weg nach Letnica. Als 1991 die Spannungen zwischen Serben und Kroaten aufgrund des Kriegs in Kroatien zunahmen, wurde die strategische Lage dieser beiden serbischen Dörfer – am Eingang des Tals, das nach Letnica führt – als potenzielle Bedrohung angesehen. Die Serben waren in der Lage, die Kroaten von ihrer einzigen Verbindung zur Außenwelt abzuschneiden. Die Einwohner erzählten mir, dass Serben und Kroaten sich bis vor kurzem freundschaftlich verständigt hätten. Serben boten den kroatischen Bauern, die Land unten im Tal besaßen, Unterkunft und Verpflegung an, und besuchten Letnica jedes Jahr im August an Mariä Himmelfahrt. Kurz gesagt waren die Beziehungen von Herzlichkeit und Hilfsbereitschaft geprägt, da Serben wie Kroaten Minderheiten in einer von albanischen Muslimen geprägten Gesellschaft waren.

3. Letnica 1992

Doch 1991/92 begannen die Kriege in Kroatien und Bosnien, den Alltag zu diktieren. Als ich Letnica im April 1992 zum zweiten Mal besuchte, klebten die Männer im Dorf an ihren Transistorradios, besonders spät nachts, wenn sie Radio Zagreb empfangen konnten. Sie hörten die zahllosen Berichte über die Kriege in Kroatien und Bosnien, die potenziell Auswirkungen auf sie haben konnten. Die meisten unterstützten ein unabhängiges Kroatien und verbargen ihre Begeisterung für den kroatischen Präsidenten Franjo Tuđman nicht, dessen Wahlsieg 1990 zu euphorischen Reaktionen im Dorf geführt hatte. Tudjmans Bild und andere nationale Symbole waren überall zu sehen. Nach Kriegsausbruch wurde diese offene Unterstützung für den kroatischen Nationalismus zum Problem. Nun befanden sich die Kroaten in Letnica gleichsam auf der falschen Seite. Die serbische Polizei zwang sie, kroatische Symbole zu entfernen und Tuđman-Plakate abzuhängen. Die Polizei durchsuchte kroatische Häuser in der Hoffnung, Waffen und Propagandamaterial zu finden. Einige sogenannte loyale Kroaten arbeiteten mit den Serben zusammen, was ihnen zunehmend das Stigma des Verräters eintrug.

Eine direkte Konsequenz des Kriegs war die Flucht junger Männer nach Kroatien, besonders wenn sie der Wehrpflicht in der jugoslawischen Volksarmee noch nicht nachgekommen waren. Sie konnten darauf warten, einen Einberufungsbescheid zu erhalten und riskierten, nach Kroatien geschickt zu werden, um dort gegen ihre Landsleute zu kämpfen. In dieser Situation zogen sie es vor, auf der anderen Seite der Front zu sein. Bei meinem ersten Besuch im August 1991 hatten die meisten jungen Männer das Dorf schon verlassen. Sie waren über Mazedonien nach Kroatien gefahren.

Im April 1992 wuchs die Angst, als Vojislav Šešelj, ein ultra-nationalistischer serbischer Politiker, erklärte, alle in Serbien lebenden Kroaten sollten in „ihr eigenes" Kroatien abgeschoben werden. Kroaten in den nördlichen Teilen Serbiens fühlten am eigenen Leib, was das bedeutete: Serbische Nationalisten und serbische Flüchtlinge aus Kroatien begannen, kroatische Häuser zu überfallen und Häuser in Kroatien „anzubieten". Die Bewohner wurden aufgefordert, gefälligst zu gehen, wollten sie Ärger vermeiden. Um diesen Forderungen Nachdruck zu verleihen, flogen zuweilen auch Sprengkörper in die Höfe. Die serbischen Behörden taten nichts, um diese Vorfälle zu verhindern.

Als ich im April 1992 wieder in Letnica eintraf, waren die Angst und die Verzweiflung deutlich zu spüren. „Sie werden uns deportieren, wir müssen hier weg", war das Erste, was ich bei meiner Ankunft zu hören bekam. Nicht viel später besuchte Šešelj das benachbarte Vitina; kroatische Dorfbewohner behaupteten, ihn inkognito – begleitet von Bodyguards – im Auto gesehen zu haben. Nachdem einige Häuser und Schuppen von Unbekannten niedergebrannt worden waren, brodelte die Gerüchteküche; auch die Angst wuchs. Die Männer des Dorfes begannen, eine Wachtruppe zu organisieren, die mit nicht mehr als ein paar Jagdgewehren ausgestattet war. Irgendwann trafen bewaffnete Serben mitten in der Nacht mit dem Auto ein und zogen in die Wälder um Letnica. Sie ließen das Auto in der Mitte des Dorfs stehen, worauf sich die Bewohner versammelten, um die Situation zu besprechen. Als die Serben am Morgen zurückkamen, sagten sie der angesammelten Menge, sie hätten getrunken und dann Lust gehabt, auf die Jagd zu gehen. Dass sie dafür „kroatisches" Territorium gewählt hatten, ließ wenig Zweifel daran, dass es sich um eine Drohung handelte.

Wilde Gerüchte begannen zu zirkulieren, dass Serben in benachbarten Dörfern schwer bewaffnet seien oder dass serbische Extremisten Massaker planten. Die Menschen sprachen intensiv über mögliche

Fluchtwege durch die Berge nach Mazedonien. Kurz gesagt, der Alltag wurde immer mehr von Angst geprägt, und die Menschen begannen darüber nachzudenken, ihr Dorf zu verlassen. Einige trafen diese Entscheidung sofort: Zwei Tage nach Šešeljs Besuch in Vitina bemerkte ich auf dem Dorfplatz einen Lastwagen, in den Familien Möbel und anderes packten.

So wurde das Leben immer schwieriger. Die Stromversorgung fiel fast täglich für mehrere Stunden aus, und es gab oft für mehrere Tage kein fließendes Wasser. Für diese Unannehmlichkeiten wurden die serbischen Behörden verantwortlich gemacht. Der Mangel war fast allgegenwärtig: Es fehlten Benzin, Seife, Mehl, Öl oder andere Grundnahrungsmittel; auch Medikamente wie Impfstoff gegen Tetanus oder Antibiotika waren kaum mehr zu bekommen. Die wirtschaftliche Situation wurde unerträglich. Die Gehälter sanken, und die Preise stiegen aufgrund der kriegsbedingten Inflation. Wer nicht in Letnica arbeitete, hatte Schwierigkeiten, zu reisen oder Geld nach Hause zu schicken. Für junge Männer waren die Perspektiven noch schlechter, da Nicht-Serben kaum darauf hoffen konnten, auf dem lokalen Arbeitsmarkt einen Job zu finden. Die Renten fielen im Wert oder wurden gar nicht mehr ausbezahlt.

Die Abwanderung der meisten jungen Männer sowie der Exodus der Bevölkerung von Janjevo, einer kroatischen Stadt unweit von Priština, verstärkte das Auswanderungsfieber. Schon Ende 1991 hatte die Hälfte der Einwohner Janjevo in Richtung Kroatien verlassen. Dies war für die Bevölkerung Letnicas ein großer psychologischer Schlag, da es beruhigend gewesen war, die *Janjevci* in der Nähe zu wissen. Ihre Abreise wurde als ein schlechtes Omen angesehen. Einige Personen hatten gute Gründe zu flüchten: Der einzige Bäcker von Letnica riss zum Beispiel vor der serbischen Polizei aus, die erfahren hatte, dass er eine Waffe zu Hause versteckte. Der Krieg verhinderte, dass die Menschen irgendwelche Pläne für die Zukunft machen konnten, sie arbeiteten weiter auf ihren Feldern, aber der Neubau von Häusern wurde eingestellt.

Die Mahnrufe, das Dorf zu verlassen, wurden 1992 immer lauter. Es gab zuweilen starke Meinungsverschiedenheiten – zum Beispiel zwischen Männern und Frauen –, ob es besser sei, zu gehen oder zu warten. Frauen zogen es vor zu bleiben: Ihr Leben war auf den häuslichen Kontext beschränkt – das Haus war für sie die primäre Quelle des Stolzes und Symbol der persönlichen Leistung. Die Frauen fürchteten sich davor, ihre Häuser verlassen zu müssen, um in ein entferntes Land zu gehen, wo fast keiner von ihnen jemals gewesen war. Die meisten Männer dagegen wollten gehen: Sie hatten die Arbeitsmigration immer als Chance wahrgenommen. Die Meinungsverschiedenheiten zwischen Männern und Frauen führte zu heftigen Debatten, Streitereien und sogar zu körperlichen Auseinandersetzungen, wobei die Männer versuchten, Frauen und Kinder zu zwingen, nach Kroatien zu gehen. Auch ältere Menschen zogen es vor zu bleiben.

Am Ende entschied sich die große Mehrheit dafür zu gehen, „bevor es zu spät ist", und die Gelegenheit zu nutzen, von einer katholischen Wohltätigkeitsorganisation nach Kroatien evakuiert zu werden. Die Menschen wurden von Skopje über Bulgarien, Rumänien und Ungarn geschleust. Fast alle ließen ihre Häuser und ihren Besitz zurück. Im Mai 1992 kamen die ersten Busse in Kroatien an, und ein halbes Jahr später waren die meisten Dorfbewohner bereits abgereist. Zwischen Mai 1992 und Mai 1993 zählte man bei zehn Transporten mehr als 2200 Personen. Bei meinem letzten Besuch in Letnica im August 1994 gab es im Dorf nur noch ganze 20 Haushalte.

4. Probleme der Integration

Diese Flüchtlinge wurden dann in Kroatien organisiert umgesiedelt in zerstörte, ehemals serbische Dörfer in West-Slawonien. Obwohl die Migration also nicht Richtung Deutschland sondern nach Kroatien stattfand, zeigt dieses Beispiel, dass die politischen Gründe und Motive hinter Migrationsbewegungen und die Probleme der Integration oft sehr ähnlich sind, selbst wenn die Flüchtlinge angeblich in ihrer eigenen „Heimat" ankommen. Es ist klar, dass es wichtige politische Hintergründe für diesen Bevölkerungsaustausch gab: 1991 gab es eine geheime Verständigung zwischen den Führern Serbiens und Kroatiens, um diesen „humanen" Bevölkerungsaustausch zu bewirken; sie arbeiteten beim demografischen *Engineering* eng zusammen, um die Bevölkerungsgruppen umzusiedeln und damit einen homogenen Nationalstaat zu erreichen.

Die kroatische Regierung hatte neben der Wiederbesiedlung von Gebieten, aus denen man die Serben vertrieben hatte, ein zusätzliches Motiv, um die Kroaten aus dem Kosovo „nach Hause" zu bringen. Es galt namentlich, die sogenannte Weiße Pest zu beenden, also etwas gegen die niedrige Geburtenrate in Kroatien zu tun. Konservative Politiker und Kirchenführer propagierten die „demografische Erneuerung"

Kroatiens und nutzten die hohe Geburtenrate der Kroaten aus dem Kosovo als willkommenen demografischen Schub und als leuchtendes Beispiel für andere Kroaten. Somit waren der Exodus der Kroaten aus Letnica und ihre Umsiedlung ins westliche Slawonien kein spontaner Prozess. Serbische Pläne, Nicht-Serben zu vertreiben, und kroatische Entwürfe, um West-Slawonien erneut zu besiedeln und Kroatien einen demografischen Schub zu geben, gingen Hand in Hand.

Diese Politik wurde auf dem Rücken der Kroaten aus dem Kosovo durchgesetzt, die anfangs sehr unglücklich in einem finsteren Umfeld von Ruinen und verbrannten Häusern waren. Sie hatten Schwierigkeiten, sich auf diese unfreundliche Umgebung einzustellen, zumal sie von den alteingesessenen Kroaten nicht akzeptiert wurden. Obwohl sie sehr stolz waren, eine starke kroatische Identität im Kosovo bewahrt zu haben, wurden sie nun abschätzig als *Šiptari*, als Albaner, bezeichnet und entsprechend behandelt. In den Augen „echter" Kroaten waren sie primitiv, schmutzig, „orientalisch" unfähig und nicht bereit sich, in die zivilisierte Welt zu integrieren. Später verbesserte sich die Lage. 1995 erhielten sie die kroatische Staatsbürgerschaft, was bedeutete, dass die meist formalen Hindernisse für ihre Integration in die kroatische Gesellschaft wegfielen. Die Neubürger konnten ordentliche Arbeitsverträge abschließen, in die Krankenversicherung eintreten und kroatische Pässe erhalten. Trotz dieser Verbesserungen blieb es hart, in diesem verwüsteten Landesteil zu leben, wo nichts funktionierte und wo die Wirtschaft neu aufgebaut werden musste.

Einige allgemeine Bemerkungen sollen diesen Beitrag abschließen. Das Territorium – die Heimat – ist ein wichtiger Hauptbestandteil der Identität einer sozialen Gruppe. Da diese ihr Territorium kulturell organisiert, ist die Heimat eine Komponente der Gruppe, und sie ist der einzige Ort, an dem die Gemeinschaft leben kann. Migration zerstört diese territorialen Wurzeln der Identität, und es erfordert viel Mühe für Migranten, ihre Identität mit der neuen Kulturlandschaft in Einklang zu bringen, in der sie sich befinden. Vieles hängt davon ab, ob die Migration freiwillig oder erzwungen war. Bei freiwilliger Migration sind die Menschen in der Regel bereit, ihr Leben in einem neuen Land zu rekonstruieren, und alle Anstrengungen werden unternommen, um die Identität so zu rekonstruieren, dass das neue Land und die neue Kulturlandschaft Teil davon werden. Ist die Migration erzwungen, so offenbaren sich Passivität, Gleichgültigkeit und Widerstand gegen eine neue Identität in einer neuen Umgebung. Flüchtlinge akzeptieren das neue Land oft nicht als ihr eigenes – und das macht wenig Hoffnung für ihre Integration. Es wird leichter für sie sein, wenn es Gemeinsamkeiten zwischen dem neuen und dem alten Land gibt. Das hat natürliche und kulturelle Dimensionen: Das natürliche Terrain ist ebenso wichtig wie der kulturelle Lebensraum. Wenn das neue Territorium von einer Gastgemeinde bewohnt wird, ist die Bereitschaft der Einheimischen, Neuankömmlinge zu akzeptieren, entscheidend. Wenn die Unterschiede zwischen den Gruppen zu stark ausgeprägt sind, dann ist eine erfolgreiche Integration schwieriger. Eine weitere Voraussetzung für eine erfolgreiche Integration sind gesetzliche Garantien, die beispielsweise sicherstellen, dass die neuen Siedler Land erhalten und dass ihre Vermögenslage stabil und dauerhaft ist. Wesentlich ist auch, dass die rechtlichen, sozialen und politischen Rahmenbedingungen spontane Organisationsformen und Selbstverwaltungen unter den Migranten ermöglichen.

Wenn wir die Situation der Kosovo-Kroaten in West-Slawonien betrachten, dann ist klar, dass einige Elemente für eine erfolgreiche Integration vorhanden waren, andere aber fehlten. Auf der einen Seite gab es die kulturelle Kluft zwischen Kosovo-Kroaten und einheimischen Kroaten sowie die Unwilligkeit der letzteren, die neuen Angekommenen zu akzeptieren. Andererseits hat die Tatsache, dass die Kroaten aus Letnica in ein Gebiet umgesiedelt wurden, das der alten Heimat ähnlich ist, die mit dem Exodus verbundenen Schwierigkeiten ebenso gemildert wie der Umstand, dass die Gemeinschaft mehr oder weniger intakt blieb. Die natürliche und kulturelle Umgebung, in der Flüchtlinge ein neues Zuhause finden, ist ein Faktor, der nicht unterschätzt werden sollte. Da die Kosovo-Kroaten religiös sind und die katholische Kirche und die schwarze Madonna von Letnica als ihre wichtigste Identitätsquelle betrachten, war es von entscheidender Bedeutung, dass sie sich wieder an einem Ort befanden, wo die Marien-Verehrung zentral und lebendig war. Dennoch zeigt die Geschichte viele Unklarheiten. Haben wir es mit Flüchtlingen oder Wirtschaftsmigranten zu tun, die versucht haben, ihre Lebenschancen an einem anderen Ort zu verbessern? War ihre Migration freiwillig oder erzwungen? Was bedeutet der Begriff „Heimat Kroatien" für diese Diaspora-Kroaten, die nach mehreren Jahrhunderten sozusagen nach Hause zurückgekehrt sind? Sind sie in Kroatien wirklich zu Hause oder gibt es auch eine richtige Heimat im Kosovo, die sie leider verloren haben?

Robert Uerpmann-Wittzack
Territoriales Asyl, *Non-Refoulement* und das souveräne Recht zur Grenzkontrolle

1. Einführung

Dieser Beitrag ist den Grundlagen des völkerrechtlichen Flüchtlingsschutzes gewidmet. Im Zentrum steht das Konzept staatlicher Herrschaft, die innerhalb der eigenen Staatsgrenzen souverän und für die Zustände auf dem eigenen Staatsgebiet verantwortlich ist. Daraus folgen das Recht zur Grenzkontrolle ebenso wie das Konzept des territorialen Asyls sowie der völkerrechtliche Mindestschutz in Form eines Ab- und Rückschiebungsverbots, das sogenannte *Non-Refoulement*. Im Vordergrund stehen das geltende Völkerrecht und die ihm zugrunde liegenden Konzepte; deren Entwicklung wird aber immer wieder historisch eingeordnet.

2. Der souveräne Territorialstaat

Das geltende Völkerrecht wird noch immer vom Konzept des souveränen Territorialstaats geprägt. Dieses Konzept gehört der klassischen Epoche des Völkerrechts an, die mit dem Westfälischen Frieden begann und um die Wende vom 19. zum 20. Jahrhundert ihren Höhepunkt erreichte. Das klassische Völkerrecht geht von sesshaften Personenverbänden aus, in denen Herrschaft nicht mehr allein personenbezogen ist, sondern sich insbesondere auch auf ein bestimmtes Gebiet bezieht. Dies spiegelt sich in der Drei-Elemente-Lehre wider, die den heutigen völkerrechtlichen Staatsbegriff bestimmt. Ein Staat charakterisiert sich danach durch ein Staatsgebiet, ein Staatsvolk und eine unabgeleitete Staatsgewalt, die in dem Sinne souverän ist, dass sie nur dem Völkerrecht unterworfen ist.[1]

In Deutschland wird die Drei-Elemente-Lehre regelmäßig auf den Staatsrechtler Georg Jellinek zurückgeführt, der den Staat in seiner 1900 erstmals erschienenen „Allgemeinen Staatslehre" zusammenfassend als „die mit ursprünglicher Herrschermacht ausgestattete Ge-

---

[1] Vgl. Andreas von Arnauld, Völkerrecht, Heidelberg ³2016, Rn. 72 und Rn. 89; Jan Klabbers, International Law, Cambridge 2013, S. 69 ff.

bietskörperschaft" bezeichnet hat.[2] Als Körperschaft setzt sich der Staat aus den Mitgliedern des Staatsvolkes zusammen, wobei er sich als Gebietskörperschaft auch über das zugehörige Staatsgebiet definiert. Schließlich zeichnet sich der Staat durch eine Herrschaft über Volk und Gebiet aus, wobei die „Herrschermacht" ursprünglich, also souverän sein muss.

Im klassischen Völkerrecht verstand man Souveränität vor allem als Freiheit zur Herrschaft über das eigene Staatsgebiet. Völkerrechtliche Bindungen gab es für das Handeln auf eigenem Staatsgebiet bis zum Zweiten Weltkrieg kaum. Dies hat sich mit der Entwicklung des völkerrechtlichen Menschenrechtsschutzes nach 1945 verändert.[3] Völkerrechtliche Menschenrechte nehmen den Staat gerade auch beim Umgang mit eigenen Staatsangehörigen auf dem eigenen Staatsgebiet in die Pflicht. Zudem wird den Menschenrechten seit dem Ende der 1970er Jahre zunehmend eine Schutzpflichtdimension entnommen mit der Folge, dass der Staat Personen, die sich auf seinem Staatsgebiet befinden, auch vor solchen Gefahren schützen muss, die von Dritten ausgehen.[4] Die souveräne Herrschaft über ein Gebiet ist damit nicht nur Freiheit, sondern auch Verantwortung gegenüber den Menschen, die sich auf dem Staatsgebiet befinden.

Diesen Verantwortungsaspekt hat die International Commission on Intervention and State Sovereignty (ICISS) 2001 bekräftigt. Die ICISS war von der kanadischen Regierung nach der NATO-Intervention zugunsten des Kosovo eingesetzt worden, um die rechtlichen Implikationen einer sogenannten humanitären Intervention grundlegend aufzuarbeiten. Die Kommission ging von dem Grundgedanken aus, dass Souveränität nicht nur die Befugnis zur Herrschaft bedeute, sondern mit Verantwortung einhergehe.[5] Aus der Gebietshoheit folgt damit die Verantwortung, Menschen auf dem eigenen Staatsgebiet vor Menschenrechtsverletzungen zu schützen. Zwar wurde das Konzept

[2] Georg Jellinek, Allgemeine Staatslehre, Bad Homburg ³1966, S. 183.
[3] Dazu Christian Tomuschat, Human Rights. Between Idealism and Realism, Oxford ³2014, S. 27 ff.
[4] Dazu grundlegend: EGMR, Urteil Nr. 8978/80 – X und Y gegen Niederlande, 26. 3. 1985, Rn. 23 ff., deutsche Übersetzung in: NJW 38 (1985), S. 2075; alle EGMR-Entscheidungen sind im englischen und/oder französischen Original abrufbar unter: http://hudoc.echr.coe.int/.
[5] Hierzu und zum Folgenden: International Commission on Intervention and State Sovereignty, The Responsibility to Protect, Ottawa 2001, Rn. 2.14 f. und Rn. 2.16 ff.

der Schutzverantwortung in späteren UN-Texten auf den notwendigen Schutz vor Völkermord, Kriegsverbrechen, ethnischen Säuberungen und Verbrechen gegen die Menschlichkeit eingeengt.[6] Der Grundgedanke reicht aber weiter und erstreckt sich ganz allgemein auf die Verantwortung des Staats für gute Lebensbedingungen im eigenen Staatsgebiet.

Die Staatsgewalt erstreckt sich als sogenannte Gebietshoheit auf das eigene Staatsgebiet und als sogenannte Personalhoheit auf die Staatsangehörigen, die das eigene Staatsvolk bilden. Während aber die Personalhoheit des Staats dort, wo sich eigene Staatsangehörige im Ausland befinden, auf natürliche und rechtliche Grenzen stößt, ist die Gebietshoheit über das eigene Staatsgebiet grundsätzlich umfassend und ausschließlich. Sie erstreckt sich auf alle Personen, die sich auf dem Gebiet befinden, gleich ob es sich um eigene Staatsangehörige handelt oder um Fremde, während es Drittstaaten grundsätzlich verwehrt ist, auf dem eigenen Staatsgebiet Hoheitsakte zu setzen. Der Europäische Gerichtshof für Menschenrechte (EGMR) hat dies 2001 in der Banković-Entscheidung auf den Punkt gebracht[7]: Aus völkerrechtlicher Sicht seien die Hoheitsbefugnisse eines Staats vorrangig territorialer Natur. Auch wenn das Völkerrecht die extraterritoriale Ausübung von Hoheitsgewalt durch einen Staat nicht ausschließe, so würden die möglichen Grundlagen einer solcher Hoheitsgewalt grundsätzlich durch die souveränen gebietsbezogenen Rechte der betroffenen Drittstaaten definiert und begrenzt.

Versteht man Souveränität im Sinne des klassischen Völkerrechts als die ausschließliche Herrschaftsgewalt über das eigene Staatsgebiet,

---

[6] UN-Generalversammlung, World Summit Outcome (A/RES/60/1), 16. 9. 2005, Rn. 138; http://undocs.org/A/RES/60/1; Implementing the responsibility to protect. Report of the Secretary-General (A/63/677), 12. 1. 2009, Rn. 11; http://undocs.org/A/63/677.
[7] EGMR (Große Kammer), Entscheidung Nr. 52207/99 – Banković u. a. gegen Belgien u. a., 12. 12. 2001, Rn. 59: „from the standpoint of public international law, the jurisdictional competence of a State is primarily territorial. While international law does not exclude a State's exercise of jurisdiction extra-territorially, the suggested bases of such jurisdiction [...] are, as a general rule, defined and limited by the sovereign territorial rights of the other relevant States." Deutsche Übersetzung in: NJW 56 (2003), S. 413. Zum territorialen Charakter staatlicher Herrschaft aus verfassungstheoretischer Sicht vgl. Klaus Ferdinand Gärditz, Territoriality, Democracy, and Borders: A Retrospective on the „Refugee Crisis", in: German Law Journal 17 (2016), S. 907–922, hier S. 908 ff.

folgt daraus auch das Recht, den Zugang zum eigenen Staatsgebiet zu kontrollieren. Entsprechende Kontrollen haben sich an der Wende vom 19. zum 20. Jahrhundert zunehmend durchgesetzt, so dass Staaten seit dem Ersten Weltkrieg flächendeckend die Einreise in ihr Hoheitsgebiet überwachen.[8] Wenn die Europäische Union (EU) nun in ihrem Innern Unionsbürgern gemäß Art. 21 des Vertrags über die Arbeitsweise der Europäischen Union Freizügigkeit gewährt, erscheint dies als regionale Ausnahme von der völkerrechtlichen Regel. Internationale Menschenrechte umfassen zwar die Ausreisefreiheit und das Recht, in seinen eigenen Staat einzureisen.[9] Es gibt aber kein Recht, in einen fremden Staat einzureisen. Der Europäische Gerichtshof für Menschenrechte hat auch dies auf den Punkt gebracht: In ständiger Rechtsprechung betont er, dass das Recht der Vertragsstaaten im Völkerrecht allgemein anerkannt sei, die öffentliche Ordnung vorbehaltlich ihrer vertraglichen Verpflichtungen insbesondere auch dadurch aufrechtzuerhalten, dass sie die Einreise und den Aufenthalt von Ausländern kontrollieren.[10]

3. Das territoriale Asyl

Das Institut des territorialen Asyls baut gleich in doppelter Weise auf dem Konzept souveräner Staatlichkeit auf.[11] Zum einen handelt es sich um das Recht des souveränen Staats, Flüchtlingen auf seinem eigenen Staatsgebiet Schutz zu gewähren. Zum anderen knüpft die Schutzgewähr im klassischen Flüchtlingsrecht daran an, dass sich der Heimatstaat, der an sich zum Schutz verpflichtet wäre, gegen seinen Staatsangehörigen wendet und diesen politisch verfolgt. Damit basiert das

---

[8] Vgl. Vincent Chetail, The transnational movement of persons under general international law – Mapping the customary law foundations of international migration law, in: ders./Céline Bauloz (Hrsg.), Research Handbook on International Law and Migration, Cheltenham/Northampton 2014, S. 1–72, hier S. 29–32.
[9] Exemplarisch Art. 12 Abs. 2 und 4 des Internationalen Pakts über bürgerliche und politische Rechte vom 19.12.1966, BGBl. 1973 II, S. 1534. Vgl. auch Art. 2 Abs. 2, Art. 3 Abs. 2 des 4. Zusatzprotokolls zur Europäischen Menschenrechtskonvention, BGBl. 2002 II, S. 1074.
[10] Vgl. EGMR, Urteil Nr. 26102/95 – Dalia gegen Frankreich, 19.2.1989, Rn. 52; EGMR (Große Kammer), Urteil Nr. 48321/99 – Slivenko u. a. gegen Lettland, 9.10.2003, Rn. 115; ähnlich EGMR (Große Kammer), Urteil Nr. 37201/06 – Saadi gegen Italien, 28.2.2008, Rn. 124.
[11] Zum territorialen Charakter von Asyl und Flüchtlingsschutz vgl. auch Gärditz, Territoriality, S. 913 f.

Konzept der politischen Verfolgung auf einem Schutzentzug durch den Heimatstaat, wie er nun auch in der Theorie der staatlichen Schutzverantwortung thematisiert wird.

Kraft ihrer Gebietshoheit sind Staaten berechtigt, Fremden auf ihrem eigenen Staatsgebiet Schutz vor Verfolgung zu gewähren. Asyl ist damit ein staatliches Recht oder eine staatliche Befugnis, aber kein Individualrecht, das einzelnen Flüchtlingen zustehen würde. Art. 14 der Allgemeinen Erklärung der Menschenrechte, die am 10. Dezember 1948 von der Generalversammlung der Vereinten Nationen verabschiedet wurde, postuliert zwar ein Recht, Asyl zu suchen und zu genießen.[12] Ein Recht, Asyl zu erhalten, wurde aber gerade nicht festgeschrieben.[13] Auch die Genfer Flüchtlingskonvention (GFK) vom 28. Juli 1951[14] gewährt kein solches Recht. Als „Magna Charta des Flüchtlingsrechts" definiert sie zwar den völkerrechtlichen Flüchtlingsbegriff und normiert Schutzstandards für Flüchtlinge, die in einem Vertragsstaat Aufnahme gefunden haben. Das Recht auf Aufnahme bleibt aber ausgeklammert. Vielmehr begnügt sich die Konvention insoweit mit einem Mindestschutz in Form des *Non-Refoulement* gemäß Art. 33. Ein Individualrecht auf Asyl ist nationalen Verfassungsbestimmungen wie Art. 16a Abs. 1 des deutschen Grundgesetzes vorbehalten.[15] Selbst Art. 18 der Europäischen Grundrechtecharta bleibt zumindest mehrdeutig. Dort ist zwar von einem „Recht auf Asyl" die Rede; dieses soll aber nur nach Maßgabe der Genfer Flüchtlingskonvention garantiert werden, die gerade kein Recht auf Aufnahme gewährt.

Der völkerrechtliche Status quo wurde von den Staaten im Herbst 2016 auf dem Flüchtlings- und Migrationsgipfel zum Auftakt der UN-Generalversammlung bekräftigt: „We reaffirm respect for the institution of asylum and the right to seek asylum."[16] Asyl ist danach ein objektiv-rechtliches Rechtsinstitut. Anerkannt wird zwar das Individualrecht, Asyl zu suchen, nicht aber das Recht, Asyl zu erhalten. Die Wort-

---

[12] Im Original: „Everyone has the right to seek and to enjoy in other countries asylum from persecution"; A/RES/217A(III), http://undocs.org/A/RES/217(III).
[13] Vgl. dazu anschaulich Otto Kimminich, Die Entwicklung des internationalen Flüchtlingsrechts – faktischer und rechtsdogmatischer Rahmen, in: AVR 20 (1982), S. 369–410, hier S. 403 f.
[14] Abgedruckt in BGBl. 1953 II, S. 560–583.
[15] Vgl. dazu den Beitrag von Agnes Bresselau von Bressensdorf in diesem Band.
[16] New York Declaration for Refugees and Migrants (A/RES/71/1), 19.9.2016, Rn. 67; http://undocs.org/A/RES/71/1.

wahl macht deutlich, dass die Staaten auch 2016 nicht bereit waren, über das Versprechen von 1948 hinauszugehen.

Blickt man auf den Herkunftsstaat, knüpft das politische Asyl mit dem Konzept der politischen Verfolgung an die Schutzverantwortung des Herkunftstaats an.[17] Nach dem oben zur Schutzverantwortung Gesagten, ist es Aufgabe eines jedes Staats, auf seinem Staatsgebiet ein menschenwürdiges Leben zu gewährleisten. Wer im Ausland bedroht wird, kann in seinen Heimatstaat zurückkehren, und der Heimatstaat kann sich Kraft seiner Personalhoheit auf dem Weg des konsularischen und diplomatischen Schutzes für die Belange seiner Staatsangehörigen einsetzen. Wer aber von seinem eigenen Heimatstaat im Stich gelassen wird, steht schutzlos da. Auf diese Situation besonderer Schutzbedürftigkeit dürfen andere Staaten mit der Gewährung politischen Asyls reagieren

Dieser Zusammenhang von Schutzdefizit und externem Schutz findet sich bereits in den Anfängen des Flüchtlingsvölkerrechts. Im Zuge der russischen Revolution flohen viele Vertreter des zaristischen Russland aus der neu entstandenen Sowjetunion. Das galt insbesondere für die Weißen Garden, nachdem sie der Roten Armee unterlegen waren. Allein in Konstantinopel befanden sich Anfang der 1920er Jahre unter widrigsten Bedingungen 25.000 Flüchtlinge der ehemaligen Armee des russischen Generals Peter Wrangel.[18] Insgesamt waren bald 900.000 Menschen in die Nachbarstaaten des einstigen russischen Imperiums geflohen. In dieser dramatischen Situation berief der Völkerbund im September 1921 den Antarktisforscher Fridtjof Nansen zum Flüchtlingshochkommissar. Nansen erhielt vom Völkerbund das vorübergehende Mandat zur Unterstützung „jeder Person russischen Ursprungs, die den Schutz der Regierung der UdSSR nicht oder nicht mehr genießt und die keine andere Staatsangehörigkeit erworben hat".[19] Es ging also um Personen, die als russische Staatsangehörige der Personalhoheit der UdSSR unterstanden oder – im Falle der Ausbürgerung – unterstanden hatten. Diese Personen zu schützen war zunächst Aufgabe der UdSSR. Da ihnen der Heimatstaat jedoch den Schutz entzogen hatte, waren sie schutzlos, so dass es nun der interna-

---

[17] Vgl. Hugo Storey, Persecution: Towards a working definition, in: Chetail/Bauloz (Hrsg.), Research Handbook, S. 459–518, hier S. 480–483.
[18] Vgl. Claudena M. Skran, Refugees in Inter-War Europe. The Emergence of a Regime, Oxford 1995, S. 185–189; die folgende Angabe findet sich ebd., S. 35.
[19] Zit. nach Peter Gatrell, The Making of the Modern Refugee, Oxford 2015, S. 55.

tionalen Gemeinschaft oblag, diese Personen zu schützen. Der Schutz endet damals wie heute in dem Augenblick, in dem ein Flüchtling die Staatsangehörigkeit eines anderen Staats erwirbt, weil er dann wieder unter dem Schutz eines Staats steht, dem er angehört.

Nach dem Zweiten Weltkrieg wurde der Flüchtlingsbegriff, der sich in der Zwischenkriegszeit herausgebildet hatte, in der Genfer Flüchtlingskonvention aufgegriffen. Gemäß Art. 1 A Nr. 2 GFK ist Flüchtling jede Person, die

> „aus der begründeten Furcht vor Verfolgung wegen ihrer Rasse, Religion, Nationalität, Zugehörigkeit zu einer bestimmten sozialen Gruppe oder wegen ihrer politischen Überzeugung sich außerhalb des Landes befindet, dessen Staatsangehörigkeit sie besitzt, und den Schutz dieses Landes nicht in Anspruch nehmen kann oder wegen dieser Befürchtung nicht in Anspruch nehmen will".

Erforderlich sind also sowohl eine Diskriminierung, die den Einzelnen aus dem Gros der Bevölkerung aussondert, als auch ein gewisser Verfolgungsdruck. Mit den aufgelisteten Merkmalen waren Oppositionelle, die die Sowjetunion wegen ihrer politischen Überzeugungen verlassen mussten, ebenso erfasst wie beispielsweise Menschen, die vom NS-Regime allein wegen ihrer jüdischen Herkunft verfolgt wurden. Der enge Flüchtlingsbegriff des geltenden Völkerrechts ist demnach vor dem Hintergrund der Verfolgungsschicksale der ersten Hälfte des 20. Jahrhunderts zu verstehen. Die Verfolgungen, die namentlich von der Sowjetunion und vom NS-Regime ausgingen, führten zu einer Welle an Hilfsbedürftigen. Gleichzeitig herrschte in den westlichen Staaten, die sich vom Kommunismus ebenso abzugrenzen suchten wie vom Faschismus, ein relativ breiter Konsens, dass den Betroffenen internationale Hilfe zuteilwerden musste. Dementsprechend waren die Hilfsmaßnahmen des Völkerbunds und später die Genfer Flüchtlingskonvention genau auf diese Gruppen zugeschnitten; auch Art. 16a des Grundgesetzes orientiert sich an diesem Konzept.

Bezeichnenderweise war die Genfer Flüchtlingskonvention in ihrem Art. 1 A Nr. 2 zunächst auf Fluchtgründe begrenzt, die vor dem 1. Januar 1951 entstanden waren. Erst Art. I Abs. 2 des Protokolls vom 31. Januar 1967[20] hat diese Begrenzung aufgehoben und die Genfer Flüchtlingskonvention zu einem allgemeinen Instrument für zukünftige Ereignisse gemacht. Die Frontstellung gegen den Kommunismus wirkte jedoch

---

[20] Abgedruckt in BGBl. 1969 II, S. 1298.

noch während des Kalten Kriegs nach. Das gilt sowohl für den Umgang mit vietnamesischen Bootsflüchtlingen seit den 1970er Jahren als auch für die afrikabezogene Flüchtlingshilfe in den 1980er Jahren.[21] Mit ihrem engen Flüchtlingsbegriff lässt die Genfer Flüchtlingskonvention große Gruppen von Personen, die mehr oder minder unter Druck ihre Heimat verlassen, ungeschützt. Das gilt zunächst für Kriegs- und Bürgerkriegsflüchtlinge, die vor den tödlichen Gefahren massiver kriegerischer Gewalt fliehen. Werden sie im Heimatstaat gerade wegen ihrer Religionszugehörigkeit oder als Angehörige der politischen Opposition angegriffen, wie es etwa in Syrien teilweise der Fall ist, so fallen sie unter den Flüchtlingsbegriff der Genfer Flüchtlingskonvention. Finden sie sich aber schlicht zwischen den Fronten oder sonst unter feindlichem Beschuss wieder, ohne dass die Angriffe durch ihre spezifische Gruppenzugehörigkeit motiviert wären, so fallen sie als reine Gewaltflüchtlinge nicht in den Anwendungsbereich der Genfer Flüchtlingskonvention.[22] Freilich geht das Flüchtlingshochkommissariat der Vereinten Nationen, das über die Anwendung der Genfer Flüchtlingskonvention wacht, in solchen Fällen pragmatisch vor und stellt dort, wo es mit Gruppen von Gewaltflüchtlingen konfrontiert ist, deren Schutzbedürftigkeit auf einer *prima-facie*-Basis fest.[23]

Noch klarer ist der Ausschluss bei denen, die lediglich vor wirtschaftlicher Not fliehen. Zwar kann auch wirtschaftliche Not das Ergebnis politischer Verfolgung sein, wenn etwa ein Heimatstaat bestimmte Bevölkerungsgruppen systematisch hungern und verhungern lässt. Ist jedoch die Wirtschaftslage allgemein desolat, stellt auch existenzielle wirtschaftliche Not keine politische Verfolgung im Sinne der Genfer Konvention dar. Verlassen die Betroffenen getreu dem Motto der Bremer Stadtmusikanten, „etwas Besseres als den Tod findest du überall", ihre Heimat, sind sie in gängigen Kategorien bloße „Wirtschaftsflüchtlinge", denen wenig Verständnis entgegengebracht wird.

---

[21] Vgl. Penelope Mathew/Tristan Harley, Refugees, Regionalism and Responsibility, Cheltenham 2016, S. 161, 165 und 172.
[22] Vgl. Andreas Zimmermann/Claudia Mahler, Art. 1 A, para. 2 1951 Convention, in: Andreas Zimmermann (Hrsg.), The 1951 Convention Relating to the Status of Refugees and its 1967 Protocol. A Commentary, Oxford 2011, S. 281–466, hier Rn. 315 ff.
[23] Dazu T. Alexander Aleinikoff, The mandate of the Office of the United Nations High Commissioner for Refugees, in: Chetail/Bauloz (Hrsg.), Research Handbook, S. 389–415, hier S. 396 f.

Die traditionelle Privilegierung politisch Verfolgter mag noch immer ihre Berechtigung haben, weil sich diejenigen, die von ihrem Heimatstaat gezielt verfolgt werden, tatsächlich in einer besonders dramatischen Lage befinden. Kann ein Staat aber seiner Schutzverpflichtung angesichts eines bewaffneten Konflikts oder einer existenziellen Wirtschaftskrise insgesamt nicht mehr nachkommen, ist dies für die Einzelnen nicht minder lebensbedrohend. Das Schutzbedürfnis dürfte ähnlich sein, nur dass die Empathie der Staatengemeinschaft deutlich geringer ausfällt. Lässt man die hehren Ideen des Flüchtlingsrechts der Zwischen- und Nachkriegszeit hinter sich, fällt die völkerrechtliche Bilanz des territorialen Asyls mager aus. Ein Individualrecht gibt es nicht, und es werden auch nur relativ wenige Betroffene erreicht. Das Gros der Gewalt- und „Wirtschaftsflüchtlinge" hat keine Chance auf Asyl.

4. Der völkerrechtliche Mindestschutz: *Non-Refoulement*

Umso wichtiger wird der völkerrechtliche Mindestschutz gegen Ab- und Rückschiebung. Dieses Gebot des *Non-refoulement* findet sich in Art. 33 Abs. 1 GFK:

„Keiner der vertragsschließenden Staaten wird einen Flüchtling auf irgendeine Weise über die Grenzen von Gebieten ausweisen oder zurückweisen, in denen sein Leben oder seine Freiheit wegen seiner Rasse, Religion, Staatsangehörigkeit, seiner Zugehörigkeit zu einer bestimmten sozialen Gruppe oder wegen seiner politischen Überzeugung bedroht sein würde."

Wie die Flüchtlingsdefinition knüpft auch das Verbot des *Refoulement* an eine drohende Verfolgung wegen eines diskriminierenden Merkmals an, wobei der Verfolgungsdruck mit der Gefahr für Leben oder Freiheit besonders hoch sein muss. Das *Refoulement*-Verbot setzt also eine qualifizierte Form der politischen Verfolgung voraus. Während im Normalfall die Aufnahme eines politisch Verfolgten im freien Ermessen des anderen Staats steht, besteht hier die Verpflichtung, Personen, die den sicheren Staat erreicht haben, nicht in einen Staat zurückzuweisen, in dem sich die Verfolgung aktualisiert.

Freilich ist nur die Abschiebung in den Verfolgerstaat unzulässig. Art. 33 Abs. 1 GFK hindert einen Staat nicht daran, einen Flüchtling in einen Drittstaat zurückzuschieben, solange nur die Gewähr besteht, dass er dort den Mindestschutz erhält und nicht im Wege der sogenannten Kettenabschiebung von dort direkt oder indirekt in einen anderen Staat abgeschoben wird, in dem sich die Verfolgung aktualisiert.[24] Betrachtet man allein die GFK und lässt Unionsrecht außer Betracht[25], dürfte Deutschland also jeden Flüchtling, der aus Österreich nach Bayern gelangt, nach Österreich zurückschieben, solange Österreich seine Verpflichtungen aus Art. 33 Abs. 1 GFK wahrt.

Seit Ende der 1980er Jahre hat der Europäische Gerichtshof für Menschenrechte auch aus der Europäischen Menschenrechtskonvention (EMRK)[26] ein *Refoulement*-Verbot abgeleitet. Grundlage ist Art. 3 EMRK, der Folter sowie jede unmenschliche oder erniedrigende Behandlung und Bestrafung verbietet. Das konventionsrechtliche *Refoulement*-Verbot beruht auf dem Grundgedanken, es sei unmenschlich, einen Menschen in einen Staat ab- oder zurückzuschieben, in dem ihm Folter, unmenschliche oder erniedrigende Behandlung drohe. Nach der Leitentscheidung in der Sache Cruz Varas[27] ist eine Abschiebung dann unzulässig, wenn „wesentliche Gründe" für die Annahme vorliegen, dass für den Fall der Rückkehr in das andere Land die „tatsächliche Gefahr" einer unmenschlichen oder erniedrigenden Behandlung bestehe. Dieser Schutz besteht nicht nur dann, wenn sich ein Flüchtling bereits einige Zeit auf dem eigenen Staatsgebiet aufgehalten hat. Vielmehr verbietet es Art. 3 EMRK auch, einen Menschen an der Grenze abzuweisen, wenn ihm im anderen Staat eine Behandlung droht, die Art. 3 EMRK widerspricht, oder wenn er Gefahr läuft, im Wege einer „Kettenabschiebung" in einen anderen Staat weitergeschoben zu werden, in denen die Standards des Artikels 3 EMRK nicht gewahrt sind. Auf dieser Grundlage hat der EGMR bereits 2011 in der Sache M.S.S. gegen Belgien und Griechenland die völlige Unzulänglichkeit des Flüchtlingsschutzes in Griechenland festgestellt – mit der Folge, dass in der Europäischen Union (EU) kein Flüchtling, der über Griechenland eingereist war, mehr dorthin rücküberstellt werden durfte.[28] Damit musste jedem deutschen Innenminister spätestens vier

---

[24] Vgl. Walter Kälin/Martina Caroni/Lukas Heim, Art. 33, para. 1 1951 Convention, in: Zimmermann (Hrsg.), Convention, S. 1327–1396, hier Rn. 145 ff.
[25] Zu diesbezüglichen Schranken vgl. Anuscheh Farahat/Nora Markard, Forced Migration Governance. In Search of Sovereignty, in: German Law Journal 17 (2016), S. 923–947, hier S. 930–933.
[26] Abgedruckt in BGBl. 2002 II, S. 1055–1123.
[27] Dazu EGMR, Urteil Nr. 15576/89 – Cruz Varas gegen Schweden, 20. 3. 1991, Rn. 69 f., deutsche Übersetzung in: NJW 44 (1991), S. 3079.
[28] Dazu EGMR (Große Kammer), Urteil Nr. 30696/09 – M.S.S. gegen Belgien u. a., 21. 1. 2011, Rn. 294 ff., deutsche Übersetzung in: NVwZ 30 (2011), S. 413.

Jahre, bevor im Sommer 2015 ungezählte Flüchtlinge die bayerische Grenze erreichten, klar sein, dass das Asylsystem der EU nicht funktionierte.[29]

Das konventionsrechtliche *Refoulement*-Verbot ist insofern weiter als Art. 33 Abs. 1 GFK, als es jede unmenschliche oder erniedrigende Behandlung erfasst. Die Diskriminierung wegen einer bestimmten Gruppenzugehörigkeit, die den Begriff der politischen Verfolgung ausmacht, ist bei Art. 3 EMRK nicht erforderlich, so dass beispielsweise auch bloße Gewaltflüchtlinge geschützt sein können. Außerdem eröffnet Art. 3 EMRK mit der Beschwerde zum EGMR den Zugang zu einem hoch entwickelten internationalen Kontrollsystem.

Es bleibt die Frage, wann ein Flüchtling das Staatsgebiet dergestalt erreicht hat, dass eine Rückschiebung nur noch nach Maßgabe von Art. 33 Abs. 1 GFK möglich ist. Sicher ist das der Fall, wenn die Person bereits über die Grenze gelangt ist und deutschen Boden betreten hat. Dabei bestimmt Art. 31 Abs. 1 GFK zusätzlich, dass die irreguläre Einreise in Fällen, in denen Art. 33 Abs. 1 GFK eingreift, nicht kriminalisiert und als Straftat verfolgt werden darf. Auch dann, wenn die Person auf einem deutschen Flughafen landet, hat sie deutschen Boden betreten, und zwar unabhängig davon, ob sie die Grenzkontrolle durchschritten hat oder nicht. Finden die Grenzkontrollen erst auf deutschem Boden statt, befindet sich die Einreise begehrende Person bereits auf dem Gebiet, auf dem der Staat die Menschen- und Grundrechte garantieren muss. Verfahren für das Flughafenasyl müssen also in vollem Umfang Art. 33 GFK sowie Art. 3 EMRK wahren. Nichts anderes gilt, wenn ein Flüchtling von der Bundespolizei im Passauer Bahnhof im Intercity-Express aufgegriffen wird.

Darüber hinaus wird das *Refoulement*-Verbot so weit verstanden, dass es schon dann greift, wenn ein Flüchtling an der Landgrenze Einlass begehrt.[30] Kann nicht ausgeschlossen werden, dass einer Person bei der Abweisung Verfolgung im Sinne von Art. 33 GFK droht, muss

---

[29] Vgl. auch Robert Uerpmann-Wittzack, Die Europäische Menschenrechtskonvention: Gemeinsamer Mindeststandard oder Vollharmonisierung des Grundrechtsschutzes in Europa?, in: Jens Peter Brune/Heinrich Lang/Micha H. Werner (Hrsg.), Konzepte normativer Minimalstandards. Ethische und rechtliche Perspektiven, Baden-Baden 2016, S. 143–175, hier S. 150–154.
[30] Vgl. Kälin/Caroni/Heim, Art. 33, para. 1, in: Zimmermann (Hrsg.), Convention, Rn. 105 ff.; Roberta Mungianu, Frontex and Non-Refoulement. The International Responsibility of the EU, New York 2016, S. 140 ff.

ihr also zumindest vorübergehend die Einreise gestattet werden. In der Sache Hirsi Jamaa ist der EGMR noch weiter gegangen und hat das menschenrechtliche Rückschiebungsverbot auch auf Fälle ausgedehnt, in denen europäische Küstenwach- oder Kriegsschiffe Flüchtlinge auf hoher See aufgreifen.[31] Nehmen sie Flüchtlinge an Bord oder übernehmen sie die Kontrolle über das fremde Boot, so unterstellen sie die Flüchtlinge der eigenen Hoheitsgewalt mit der Folge, dass gemäß Art. 1 EMRK deren Garantien greifen. Art. 3 EMRK verbietet es der Besatzung des Schiffs dann, die aufgegriffenen Personen in einen Drittstaat zu bringen, wenn ihnen dort oder durch eine zu befürchtende Weiterschiebung eine unmenschliche oder erniedrigende Behandlung droht. Streckt ein europäischer Staat also mit seiner Küstenwache oder Marine den kleinen Finger aus und rettet Flüchtlinge aus Seenot, so können diese die ganze Hand ergreifen und über Art. 3 EMRK de facto vielfach die Einreise in ein europäisches Land erzwingen. Das Dilemma lässt sich *de lege lata* kaum lösen. Gleichzeitig bedeutet das, dass Kontrollen auf hoher See, die die Einreise von Flüchtlingen verhindern sollen, kaum Wirkung zeigen können. Die Alternative, sich aus dem Mittelmeer weitgehend zurückzuziehen und dieses zum Grab für unzählige Flüchtlinge werden zu lassen, widerspräche nicht nur den Vereinbarungen zur Seenotrettung[32], sondern erscheint auch moralisch inakzeptabel.

Angesichts des weiten Anwendungsbereichs des *Non-Refoulement*-Prinzips haben die europäischen Staaten verschiedene Ausweichstrategien entwickelt. Der Grundgedanke ist das *Outsourcen* der Grenzkontrolle auf Dritte. Eine Strategie besteht darin, Fluggesellschaften haftbar zu machen, wenn sie Personen ohne gültige Einreisepapiere ins Inland bringen. So verbietet es § 63 Abs. 1 AufenthG Fluggesellschaften, einen Ausländer ins Inland zu bringen, der die notwendigen Einreisepapiere nicht besitzt. Gemäß § 63 Abs. 2 AufenthG kann die zuständige Behörde das Verbot im Einzelfall konkretisieren und dann mit einem Zwangsgeld durchsetzen. § 64 AufenthG verpflichtet das Luftfahrtunternehmen, zurückgewiesene Ausländer zurückzubefördern. Damit wird die Einreisekontrolle den Fluggesellschaften übertragen, die sie

---

[31] So EGMR (Große Kammer), Urteil Nr. 27765/09 – Hirsi Jamaa u. a. gegen Italien, 23.2.2012, Rn. 123–138, deutsche Übersetzung in: NVwZ 31 (2012), S. 809.
[32] Vgl. dazu Nora Markard, Das Recht auf Ausreise zur See. Rechtliche Grenzen der europäischen Migrationskontrolle durch Drittstaaten, in: AVR 52 (2014), S. 449–494, hier S. 477 ff.

bereits vor dem Abflug durchführen. Selbst wenn der Staat den Transport politisch Verfolgter nicht sanktioniert, entfaltet die Regelung ihre volle Wirkung, weil Fluggesellschaften kaum das Haftungsrisiko für den Fall eingehen werden, dass eine Person nicht als Flüchtling anerkannt wird. Der Rückschiebeschutz der Art. 33 Abs. 1 GFK und Art. 3 EMRK wird also effektiv ausgehebelt, indem die Kontrolle auf private Akteure und ins Ausland verlagert wird. Ähnlich verhält es sich mit Abkommen zwischen Deutschland, anderen EU-Mitgliedstaaten oder der EU mit anderen Mittelmeeranrainern, in denen sich letztere verpflichten, potenzielle Flüchtlinge nicht ausreisen zu lassen. Auch hier wird die Grenzkontrolle ausgelagert, so dass Flüchtlinge nicht mehr in den räumlichen Anwendungsbereich der Art. 33 Abs. 1 GFK und Art. 3 EMRK gelangen. Allerdings kollidieren derartige Vereinbarungen noch deutlicher als die Inpflichtnahme von Fluggesellschaften mit der völkerrechtlich verbürgten Ausreisefreiheit.[33] Während die Ausreisefreiheit im Westeuropa des Kalten Krieges als Antwort auf den Eisernen Vorhang hochgehalten wurde[34], tritt sie heute im rechtlichen Bewusstsein zurück.

5. Zusammenfassung

Das gegenwärtige Völkerrecht wird also gerade auch im Flüchtlingsrecht durch das Konzept territorial definierter staatlicher Herrschaft geprägt. Als territorialer Souverän ist jeder Staat berechtigt, den Zugang zum eigenen Staatsgebiet zu kontrollieren und Fremde gegebenenfalls auszuschließen. Allerdings ist territoriale Herrschaft mit Verantwortung verbunden. Kehrt sich ein Staat gegen den eigenen Staatsangehörigen, den er eigentlich zu schützen hätte, so dass dieser fliehen muss, bedarf der Flüchtling internationalen Schutzes. Allerdings bleibt die Aufnahme von Flüchtlingen eine souveräne Entscheidung des einzelnen Staats. Es gibt also kein völkerrechtliches Asylrecht, das das souveräne Recht zur Grenzkontrolle einschränken würde. Erst im *Refoulement*-Verbot findet das souveräne Recht der Grenzkontrolle seine Grenzen. So betont der EGMR, dass das völkerrechtlich allgemein

---

[33] Vgl. ebd., S. 456 ff.
[34] Vgl. etwa Rainer Hofmann, Die Ausreisefreiheit nach Völkerrecht und staatlichem Recht, Berlin 1988, S. 9 ff., und Robert Uerpmann, Die Ausreise von DDR-Bürgern aus Ungarn aus völkerrechtlicher Sicht, in: Juristische Ausbildung 12 (1990), S. 12–16, hier S 14 f.

anerkannte Recht des einzelnen Staats, Einreise und Aufenthalt von Fremden zu kontrollieren, nur durch die vertraglich eingegangenen Verpflichtungen des Staats begrenzt würden. Art. 33 GFK und Art. 3 EMRK sind derartige Verpflichtungen, die die Freiheit der Staaten im Individualinteresse beschränken und den Staat dazu verpflichten, bestimmten Personen zumindest subsidiären Schutz zu gewähren.

Agnes Bresselau von Bressensdorf
Diskurse gesellschaftlicher Selbstvergewisserung am Ende des Kalten Kriegs

Die Debatte um den Asylkompromiss 1992/93

1. Historische Rahmenbedingungen bundesdeutscher Asylpolitik

Die Auseinandersetzung um den sogenannten Asylkompromiss, der 1992 vom Deutschen Bundestag verabschiedet wurde und ein Jahr später in Kraft trat, war gekennzeichnet durch ein hohes Maß an Polarisierung, politische Mobilisierung und eine undifferenzierte Verwendung von migrationspolitischen Begrifflichkeiten, die zu einer vielschichtigen Vermengung zunächst getrennter Politikfelder beitrug. Am Beginn dieses Beitrags steht daher zunächst ein kurzer Abriss über die historischen Rahmenbedingungen der bundesdeutschen Debatte Ende der 1980er Jahre, bevor in einem zweiten Schritt der politische und gesellschaftliche Diskurs in den Blick genommen wird, der nicht zuletzt eine Selbstverständigungsdebatte um die politischen und moralischen Grundlagen der Bonner beziehungsweise Berliner Republik darstellte.

Die Entwicklung der Flüchtlingssituation in Westdeutschland seit dem Ende des Zweiten Weltkriegs kann in verschiedene Phasen eingeteilt werden. Erstens stellten in der unmittelbaren Nachkriegszeit bis Anfang der 1950er Jahre die 12,5 Millionen deutschen Vertriebenen aus den ehemals deutschen Ostgebieten, Osteuropa und der Sowjetunion sowie die rund neun Millionen *Displaced Persons* – also die Überlebenden der nationalsozialistischen Arbeits-, Konzentrations- und Vernichtungslager – die größte Gruppe der Flüchtlinge. Zweitens bildeten ab 1953, dem Jahr des gewaltsam niedergeschlagenen Volksaufstands in der DDR, politische Flüchtlinge aus dem Ostblock die umfangreichste Gruppe der Asylbewerber. Seit Mitte der 1970er Jahre kann drittens von einer Globalisierung der Fluchtbewegung gesprochen werden, als immer mehr Menschen aus den Krisengebieten der „Dritten Welt" flüchteten – etwa die vietnamesischen *Boat People* oder Flüchtlinge aus Afrika, dem Nahen und Mittleren Osten. Mit der schleichenden Erosion des Ostblocks seit den späten 1980er Jahren und dem Mauerfall 1989 wuchs schließlich die Zahl derer, die sich aus Osteuropa auf den Weg gen Westen machten. Hinzu kamen diejenigen, die im Zuge der Kriege im ehemaligen Jugoslawien vom Balkan nach Westeuropa – insbesondere in die Bundesrepublik – flohen, sowie die Spätaussiedler.[1] Bei letzteren handelte es sich um deutsche Volkszugehörige, die vor dem 8. Mai 1945 ihren Wohnsitz in den ehemaligen deutschen Ostgebieten beziehungsweise den Staaten Osteuropas hatten und denen mit der deutschen Staatsbürgerschaft auch das Recht zuerkannt wurde, in die Bundesrepublik überzusiedeln. Die im Rahmen des Kriegsfolgenbereinigungsgesetzes verabschiedete Regelung beruhte also nicht auf dem Territorialprinzip (*ius soli*), sondern auf dem Abstammungsprinzip (*ius sanguinis*). Diese Gruppe wurde daher nicht in den Ausländerstatistiken der Bundesregierung geführt, was insofern bedeutsam war, als gerade die jüngeren Spätaussiedler zum Teil nur rudimentäre deutsche Sprachkenntnisse besaßen und von vielen Einheimischen nicht als Deutsche wahrgenommen wurden.

Richtet man den Blick auf die gesetzlichen Grundlagen der westdeutschen Asylpolitik, so lässt sich zunächst konstatieren, dass 1949 vor dem Hintergrund der nationalsozialistischen Vergangenheit ein ausgesprochen liberales Asylrecht in Art. 16 des Grundgesetzes verankert worden war. Darin hieß es lapidar: „Politisch Verfolgte genießen Asylrecht." Diese Asylgewährung zielte also dezidiert auf die Gruppe politisch Verfolgter, wie sie seit den 1950er Jahren in Gestalt der Ostblockflüchtlinge auf Westdeutschland zukam. Kriegs- und Bürgerkriegsflüchtlinge, deren Zahl im Laufe der 1980er Jahre kontinuierlich stieg, wurden durch Art. 16 des Grundgesetzes dagegen nicht erfasst. Gleichwohl konnten sie aufgrund des *Non-Refoulement*-Verbots der Genfer Flüchtlingskonvention nicht abgeschoben werden, wenn ihnen in ihrer Heimat Verfolgung drohte.[2] Bürgerkriegsflüchtlinge wurden

---

[1] Zum Folgenden vgl. Klaus Bade, Ausländer, Aussiedler, Asyl. Eine Bestandsaufnahme, München 1994, S. 12.
[2] Zum Folgenden vgl. Jochen Oltmer/Axel Kreienbrink/Carlos Sanz Díaz (Hrsg.), Das „Gastarbeiter"-System. Arbeitsmigration und ihre Folgen in der Bundesrepublik Deutschland und Westeuropa, München 2012, und Carolin Butterwegge, Von der „Gastarbeiter"-Anwerbung zum Zuwanderungsgesetz. Migrationsgeschehen und Zuwanderungspolitik in der Bundesrepublik; www.bpb.de/gesellschaft/migration/dossier-migration/56377/migrationspolitik-in-der-brd?p=all.

folglich als Asylbewerber abgelehnt, gleichzeitig aber als sogenannte De-facto-Flüchtlinge geduldet.

Ein weiterer, für das Verständnis der deutschen Debatte unabdingbarer Faktor kam hinzu: die sogenannte Gastarbeiter-Frage.[3] Seit Mitte der 1950er Jahre hatte die Bundesregierung durch Abkommen mit ausgewählten Staaten des Mittelmeerraums (Italien, Spanien, Griechenland, Türkei, Marokko, Portugal, Tunesien, Jugoslawien) gezielt ausländische Arbeitnehmerinnen und Arbeitnehmer angeworben, um den Arbeitskräftebedarf bestimmter Industriezweige zu decken. Dem lag der Gedanke einer flexiblen Anpassung an die jeweilige Wirtschaftslage zugrunde; die „Gastarbeiter" sollten also nach einem temporären Aufenthalt in der Bundesrepublik wieder in ihr Heimatland zurückkehren. Dieses „Rotationsprinzip" funktionierte in der Praxis allerdings nur bedingt. Die Aufenthaltszeiten der angeworbenen ausländischen Beschäftigten verlängerten sich, und spätestens seit dem im November 1973 verhängten Anwerbestopp verstärkte sich der Nachzug von Familienangehörigen, war dies doch die von nun an einzig verbliebene Möglichkeit legaler Zuwanderung.[4]

Die wachsende Anzahl an Asylbewerbern, geduldeten De-facto-Flüchtlingen, als Ausländer wahrgenommener Spätaussiedler und der Familiennachzug ehemaliger „Gastarbeiter" bei gleichzeitig mangelhaften integrationspolitischen Angeboten führte Ende der 1980er Jahre zu wachsenden sozialen Spannungen in der einheimischen Bevölkerung. 1988 forderten die Unionsparteien, den wachsenden Zuwanderungsdruck durch eine Änderung des Grundgesetzes abzuschwächen, und starteten im Vorfeld der Bundestagwahlen im Dezember 1990 eine entsprechende Kampagne, die sich zu einer der „schärfsten, polemischsten und folgenreichsten innenpolitischen Auseinandersetzungen der deutschen Nachkriegsgeschichte" entwickelte.[5] Die jahrelangen Kontroversen, die über die Zäsur der deutschen Einheit hinausgingen, mündeten schließlich in den Asylkompromiss, der mit den Stimmen der christlich-liberalen Koalition und der SPD vom Bundestag verabschiedet wurde.[6] Der Kernpunkt des neuen Asylrechts bestand dar-

---

[3] Vgl. den Beitrag von Robert Uerpmann-Wittzack in diesem Band.
[4] Zum Anwerbestopp vgl. Marcel Berlinghoff, Das Ende der „Gastarbeit". Europäische Anwerbestopps 1970–1974, Paderborn 2013.
[5] Ulrich Herbert, Geschichte der Ausländerpolitik in Deutschland. Saisonarbeiter, Zwangsarbeiter, Gastarbeiter, Flüchtlinge, München 2001, S. 299.
[6] Vgl. zum Folgenden etwa ebd., S. 318, und Ursula Münch, Vorgeschichte, Prob-

in, dass nicht mehr nur der Fluchtgrund, sondern vor allem auch der Fluchtweg des Asylbewerbers wichtig wurde. Durch die Einführung des Konzepts der „sicheren Drittstaaten" und „sicheren Herkunftsstaaten", in denen Flüchtlingen nach Ansicht der Bundesregierung keine Verfolgung drohte, waren fortan alle Asylbewerber ausgeschlossen, die über ein EU-Land oder einen anderen als sicher eingestuften Drittstaat einreisten. Als Kriterium hierfür galt, dass in diesem Land die Anwendung der Genfer Flüchtlingskonvention und der Konvention zum Schutz der Menschenrechte und Grundfreiheiten sichergestellt sei (Art. 16a Abs. 2 Satz 1 GG). Die Staaten außerhalb der EU, auf die diese Voraussetzungen zutrafen, mussten durch ein zustimmungspflichtiges Gesetz bestimmt werden (Art. 16a Abs. 2 Satz 2 GG); politische Aushandlungsprozesse waren die Folge.

Eine zweite wichtige Neuerung betraf das sogenannte Flughafenverfahren für all diejenigen Asylsuchenden, die auf dem Luftweg direkt in die Bundesrepublik einreisten. Dieses Sonderasylverfahren umfasste die Unterbringung der Asylsuchenden im Transitbereich des Flughafens, um zu verhindern, dass diese auch im rechtlichen Sinne als eingereist galten. In einem Schnellverfahren sollten künftig eine unverzügliche Antragstellung und die Anhörung des Asylbewerbers erfolgen, um gegebenenfalls eine umgehende Abschiebung innerhalb von zwei Wochen zu ermöglichen. Drittens wurde das sogenannte Asylbewerberleistungsgesetz eingeführt, ein eigenständiges Sozialleistungssystem für Asylbewerber mit deutlich verringertem Leistungsniveau. Der Asylkompromiss zielte somit im Wesentlichen auf die Beschränkung der Zuwanderung nach Deutschland. Eine Reform des Staatsbürgerrechts und die Schaffung einer – von der SPD vehement geforderten – umfassenden Einwanderungsgesetzgebung scheiterten indes am Widerstand der Unionsparteien.

---

leme und Auswirkungen der Asylrechtsänderung 1993, in: Carsten Tessmer (Hrsg.), Deutschland und das Weltflüchtlingsproblem, Opladen 1994, S. 118–128.

2. Die politische und öffentliche Asyldebatte

a) Überfremdungsängste im „Nicht-Einwanderungsland" Deutschland

Spätestens seit den frühen 1970er Jahren war der Topos vom Missbrauch des Gast- und Asylrechts Teil der ausländerpolitischen Debatte, wenn auch (noch) nicht ihr bestimmendes Merkmal.[7] Die Tonlage verschärfte sich jedoch nach der Entscheidung der Bundesregierung vom März 1975, Asylbewerber auch ohne Wartezeit zum Arbeitsmarkt zuzulassen, um die Kassen der örtlichen Sozialhilfeträger zu entlasten. Durch den fortbestehenden Anwerbestopp gewann das Asylverfahren für ausschließlich wirtschaftlich motivierte Zuwanderung dadurch schlagartig an Attraktivität.[8] In den folgenden Jahren bemühte sich die sozial-liberale Koalition beziehungsweise ab 1982 die Regierung Kohl/Genscher, ihren asylpolitischen Kurs anzupassen. Mehrere Gesetzesinitiativen zur Beschleunigung und Neuordnung des Asylverfahrens, die Einführung eines zweijährigen Arbeitsverbots nach Antragstellung, die Einführung der Residenzpflicht und die weitgehende Umwandlung von Geld- in Sachleistungen blieben jedoch Stückwerk und gingen letztlich am Kern der Sache vorbei. Vielmehr verschärfte sich die Situation in den 1980er Jahren: Der fehlende politische Wille, eine adäquate gesetzlich Grundlage für eine Migrations- und Asylpolitik zu schaffen und diese den Wählern zu erklären, trug mit dazu bei, die Unterschiede zwischen den einzelnen Ausländergruppen zu verwischen. Da alle das langwierige bundesdeutsche Asylverfahren durchlaufen mussten,

---

[7] Vgl. etwa Patrice G. Poutrus, Zuflucht im Nachkriegsdeutschland. Politik und Praxis der Flüchtlingsaufnahme in Bundesrepublik und DDR von den späten 1940er bis zu den 1970er Jahren, in: GuG 35 (2009), S. 135–175, hier S. 173, und Martin Wengeler, Argumentationsmuster im Bundestag. Ein diachroner Vergleich zweier Debatten zum Thema Asylrecht, in: Armin Burkhardt/Kornelia Pape (Hrsg.), Sprache des deutschen Parlamentarismus. Studien zu 150 Jahren parlamentarischer Kommunikation, Wiesbaden 2000, S. 221–240, hier S. 228–235.
[8] Vgl. zum Folgenden Ursula Münch, Asylpolitik in der Bundesrepublik Deutschland. Entwicklung und Alternativen, Opladen 1992, S. 72–156; Moncef Kartas, Internationale Normen und nationales Interesse. Internationales Flüchtlingsrecht und die Debatte um die Änderung des Grundrechts auf Asyl, Diss. München 2000, S. 67; Bade, Ausländer, S. 109–113; Herbert, Ausländerpolitik, S. 299–303, und Tobias Pieper, Die Gegenwart der Lager. Zur Mikrophysik der Herrschaft in der deutschen Flüchtlingspolitik, Münster 2008, S. 46 ff.

wurden sie in der politischen und gesellschaftlichen Debatte undifferenziert unter den Generalverdacht des „Asyl-Missbrauchs" gestellt.

Dieser Topos konnte auch deshalb so gut verfangen, weil der Prozentsatz der bewilligten Asylanträge immer weiter sank, galt Art. 16 des Grundgesetzes doch lediglich für „politisch Verfolgte", nicht aber für (Bürger-)Kriegsflüchtlinge. Da letztere jedoch als De-Facto-Flüchtlinge geduldet wurden, stieg die Zahl der Asylbewerber, die trotz Ablehnung ihres Gesuchs in der Bundesrepublik temporären Schutz und entsprechende Sozialleistungen erhielten. Die geringe Bewilligungsquote bei gleichzeitig steigenden Kosten für den deutschen Steuerzahler boten einen idealen Anknüpfungspunkt, um vor „Asylbetrügern" zu warnen, wie dies beispielsweise die „Bild-Zeitung" im November 1990 wiederholt tat: „Mit orientalischer Leidenschaft breiten Ausländer weitschweifige Lügenmärchen von angeblicher Verfolgung aus. Wer sich darüber empört, wird schnell als Rassist und Faschist abgestempelt – und schweigt künftig." Weiter hieß es: „Je länger das Verfahren dauert, um so genauer wissen sie, wie man sich zum politischen Märtyrer hochfrisiert. Aber kein Ausländer muss sofort Asyl beantragen. Er kann warten, bis man ihn erwischt. Als Schwarzarbeiter. Als Dieb. Als Drogenhändler."[9]

Wie weit solch latent bis offen vorgetragene Ausländerfeindlichkeit auch für die bundesdeutschen Parteien anschlussfähig war, zeigt eine Äußerung des Berliner CDU-Fraktionschefs Klaus Landowski in einem Interview vom August 1991 über Ausländer, die „bettelnd, betrügend, ja auch messerstechend durch die Straßen ziehen, festgenommen werden und nur, weil sie das Wort ‚Asyl' rufen, dem Steuerzahler in einem siebenjährigen Verfahren auf der Tasche liegen"[10]. Diese pauschale Kriminalisierung der Asylbewerber bei gleichzeitiger Sorge um die finanziellen Folgen für die Bundesrepublik vermischte sich nicht selten mit der Angst vor einer kulturellen „Überfremdung" der deutschen Gesellschaft, die zumindest teilweise auf einer ethnischen Vorstellung von Volk gründete, wie Rolf Olderog (CDU) beispielhaft vor dem Bundestag ausführte:

---

[9] Zit. nach Herbert, Ausländerpolitik, S. 300.
[10] Zit. nach Ulrich Herbert/Karin Hunn, Beschäftigung, soziale Sicherung und soziale Integration von Ausländern, in: Gerhard A. Ritter (Hrsg.), Bundesrepublik Deutschland 1989–1994. Sozialpolitik im Zeichen der Vereinigung, Baden-Baden 2007 (Geschichte der Sozialpolitik in Deutschland seit 1945, Bd. 11), S. 945–975, hier S. 953.

„Müssen wir nicht verstehen, dass es auch in unserem Volk Grenzen der Fähigkeit zur sozialen Integration und Grenzen der Belastbarkeit gibt – in einem so dicht besiedelten Land, das jetzt nach der Wiedervereinigung zweifellos besondere Lasten zu tragen hat? Manche meinen, die allmähliche Umwandlung der Bundesrepublik von einem vergleichsweise homogenen Staat in ein Einwanderungsland sei eine Bereicherung, keine Belastung. [...] Alle Erfahrung zeigt aber auch: Weitgehende ethnische, religiöse und kulturelle Geschlossenheit ermöglichen Grundkonsens und Solidarität eines Volkes."[11]

Ähnlich – wenn auch in weniger drastischer Form – argumentierte der bayerische Innenminister Edmund Stoiber (CSU) in einer Bundestagsdebatte am 30. April 1992: „Das Asylrecht ist unbestritten das Einfallstor der illegalen Einwanderung. [...] der Mißbrauch steigt. [...] Eine Einwanderung über den Schleichweg Asyl ist politisch unredlich und kostspielig. Wir sind nach wie vor [...] gegen jede zusätzliche Einwanderung. Für uns gilt das Ausländergesetz [...]. Demnach ist Deutschland kein Einwanderungsland."[12]

Zwar konstatierten Stoiber und andere Politiker zu Recht, dass die Kommunen sich an den Grenzen ihrer Belastbarkeit angekommen sahen und parteiübergreifend an den Bund appellierten, Maßnahmen zur Begrenzung und Steuerung der Zuwanderung zu ergreifen. Gleichwohl blieb die Haltung der Union inkonsequent, weigerte sie sich doch, den Forderungen der SPD und von Teilen der FDP nachzugeben, nicht nur den Zuzug von Ausländern, sondern auch denjenigen der deutschstämmigen Aussiedler zu begrenzen.[13]

Umgekehrt propagierten die Grünen, die PDS und Teile der SPD eine „multikulturelle Gesellschaft" als erstrebenswerte Zukunftsvision.[14] Nachweisbar bestehende gesellschaftliche Probleme, die der wachsende Zuwanderungsdruck aufwarf, wurden aus dieser Sicht oftmals verschwiegen und damit ebenfalls tabuisiert. So diskutierten die Grünen auf ihrem Parteitag in Münster am 21. Mai 1989 Ideen, wonach jeder Ausländer ohne Asyl- und Anerkennungsverfahren ein generelles

---

[11] Stenografischer Bericht über die Sitzung des Deutschen Bundestags am 20. 02. 1992, S. 6516D-6517A.
[12] Stenografischer Bericht über die Sitzung des Deutschen Bundestags am 30. 4. 1992, S. 7323.
[13] Vgl. Stenografische Berichte über die Sitzungen des Deutschen Bundestags am 20. 2. 1992, S. 6471A (Burkhard Hirsch, FDP), und am 18. 10. 1991, S. 4221D (Herta Däubler-Gmelin, SPD).
[14] Vgl. Andreas Wirsching, Abschied vom Provisorium. Geschichte der Bundesrepublik Deutschland 1982–1990, München 2006, S. 299 f.

Bleiberecht und nach fünfjähriger Aufenthaltsdauer in Deutschland das Wahlrecht erhalten sollte.[15]

Dabei griffe es allerdings zu kurz, die Trennlinien der Argumentation lediglich zwischen Regierung und Opposition zu suchen. Gerade FDP-Mitglieder wie Gerhard Baum lehnten die oftmals in Bilder unsteuerbarer Naturkatastrophen gekleidete These einer Überfremdung der deutschen Gesellschaft ab: „Es gibt keine Asylantenflut, es gibt keinen Asylantenstrom, und es gibt keine Überfremdung in der Bundesrepublik Deutschland. [...] Wer Katastrophenszenarien malt, fördert diese latente Fremdenfeindlichkeit."[16] Neben dem Plädoyer, Bonn müsse seiner humanitären Verantwortung gegenüber Flüchtlingen gerecht werden, hielten Baum und große Teile der FDP allerdings zunächst ebenfalls an der Überzeugung fest, die Bundesrepublik sei kein Einwanderungsland.

b) Vergangenheit als Argument

Ein zweites zentrales Diskursfeld umfasste den Bezug auf die Vergangenheit, konkret auf die Erfahrungen und das Erbe des Nationalsozialismus einerseits sowie das DDR-Unrechtsregime andererseits. Wieder und wieder argumentierten die Gegner einer Grundgesetzänderung mit der historischen Verantwortung der Deutschen, das vom Parlamentarischen Rat in der Verfassung verankerte liberale Grundrecht auf Asyl in seiner bestehenden Fassung zu erhalten. Diese Debattenbeiträge wurden in zum Teil schriller, pathetischer und polarisierender Form vorgetragen. So erklärte Berthold Wittich (SPD), der in der abschließenden Bundestagsdebatte am 26. Mai 1993 gegen die Grundgesetzänderung stimmte:

„Der fanatische Hass der Nazis gegen Juden, Ausländer, politische Gegner sowie Männer und Frauen der Kirchen führte direkt in den Zweiten Weltkrieg, in den Kessel von Stalingrad und in die Hölle von Auschwitz! Und gerade die deutsche Sozialdemokratie hat allen Grund, sich derer zu erinnern, die ohne Asyl im Ausland dem Zugriff der Geheimen Staatspolizei nicht entkommen wären, derer zu gedenken, die an den Grenzen zu unseren Nachbarn auf verschlossene Türen stießen und deswegen den Weg in die Folter- und Gaskammern der Nazis antreten mussten. [...] Das Asylrecht ist ein Mahnmal

---

[15] Vgl. „Die Grünen verklären die Asylbewerber". Interview mit Daniel Cohn-Bendit, in: Der Spiegel, 29.5.1989; vgl. auch Herbert, Ausländerpolitik, S. 312.
[16] Stenografischer Bericht über die Sitzung des Deutschen Bundestags am 25.9.1986, S. 17990A-B.

der Erinnerung an die Verfolgung, Folterung und Ermordung von Deutschen während der Nazizeit."[17]

Aus dieser Perspektive stand mit Art. 16 die gesamte Verfassung und mit ihr die Einbindung Deutschlands in das Wertegefüge der westlichen Staatengemeinschaft zur Disposition.[18] Eine Einschränkung des Asylrechts schien der Aufgabe liberaler Verfassungsprinzipien gleichzukommen. Dass dem Grundrecht auf Asyl nicht nur in scharfer Abgrenzung zur NS-Zeit, sondern auch mit Blick auf das eben erst überwundene DDR-Regime konstitutive Bedeutung für die Identität der Bundesrepublik beigemessen wurde, zeigen auch zahlreiche Äußerungen des PDS-Vorsitzenden Gregor Gysi:

„Aus der Erfahrung der DDR ergibt sich eine weitere Lehre, die zwingender Natur ist. [...] Wer Mauern an den Grenzen errichtet, egal, ob sie aus Infrarotstrahlen oder aus Beton bestehen, der wird auch die Bereitschaft zum Schießen aufbringen müssen, damit solche Mauern Sinn machen. [...] Wer heute der faktischen Abschaffung des Asylrechts zustimmt, muss wissen, daß er Mitverantwortung trägt, wenn eines Tages an den Grenzen auf Flüchtlinge geschossen wird."[19]

Art. 16 des Grundgesetzes wurde so zum Testfall für die wiedervereinigte Bundesrepublik erklärt – verbunden mit der Aufforderung, sich von der doppelten Diktaturerfahrung deutlich zu distanzieren. Wie stark dieses historische Argument für die Forderung nach verfassungsrechtlicher Kontinuität über die Zäsur von 1989/90 hinaus wog, zeigten auch zahlreiche Äußerungen aus den Reihen der Grünen.

„Wieder wird gebrüllt ‚Deutschland den Deutschen!' und: ‚Ausländer raus!' [...] Dieser Ausländerhass darf nicht die Grundlage unseres politischen Handelns sein. [...] Denn auch unsere Demokratie ist verletzlich, ist angreifbar. [...] Ich bitte Sie, meine Kolleginnen und Kollegen, Sie, die Parlamentarier des wiedervereinigten Deutschland, durch Ihre Entscheidung nicht jene in unserem Land zu ermutigen, die ihr Heil im deutschen Wahn und Wesen suchen. [...] Oder wollen Sie eine neue Mauer um Deutschland, eine Mauer um Europa bauen? [...] Diese Politik der Abgrenzung verhindert nicht fremdenfeindliche Angriffe auf die Flüchtlinge, sondern begünstigt diese direkt. [...] Europa würde zur geschlossenen Gesellschaft – wie es die DDR einmal gewesen ist –, die sich gegen Armut in der Welt abzuschotten versucht. Aber diese Politik wird scheitern, denn in

---

[17] Stenografischer Bericht über die Sitzung des Deutschen Bundestags am 26.5.1993, S. 13668.
[18] Vgl. Kartas, Internationale Normen, S. 72 und 75 f.
[19] Stenografischer Bericht über die Sitzung des Deutschen Bundestags am 26.5.1993, S. 13514 f.

einer Festung Europa können weder Recht noch Demokratie, noch Wohlstand erhalten bleiben."[20]

Konrad Weiß verwies mit diesen Worten auf die zunehmende Gewalt gegen Ausländer, die in bis dahin ungekannten Ausmaßen die Bundesrepublik erschütterte – als Schlagworte mögen hier Hoyerswerda und Hünxe 1991, Rostock-Lichtenhagen und Mölln 1992 sowie Solingen 1993 genügen. Viele interpretierten dies zu Recht als ein fatales Signal an die internationalen Partner, die der Wiedervereinigung lange Zeit skeptisch gegenüber gestanden hatten. Drohte die Bundesrepublik in kürzester Zeit ihre liberale Identität zu verlieren?

In der Debatte um die demokratische Verfasstheit der Bundesrepublik wurden Ausländerfeindlichkeit und Asylrechtsreform zu einem gemeinsamen Problemfeld verknüpft. Insbesondere die Befürworter einer Grundrechtsänderung aus den Reihen der Union argumentierten, Asyl- und Ausländerrecht stünden in einem kausalen Abhängigkeitsverhältnis zueinander. Demnach seien das liberale Asylrecht und die dadurch steigende Anzahl an Ausländern in Deutschland ursächlich für die zunehmende Ausländerfeindlichkeit. Umgekehrt könne letztere durch eine Asylrechtsreform eingedämmt werden.[21] Es sei notwendig, so Wolfgang Schäuble, Vorsitzender der Unionsfraktion im Bundestag, die Steuerungsfähigkeit des Staats wiederherzustellen. Dies sei entscheidend für „den inneren Frieden in unserem Land". Und weiter: „Nur wenn wir unseren Bürgern das Gefühl geben und bewahren, daß dieser freiheitliche Rechtsstaat in der Lage ist, eine solche Ordnung des Zusammenlebens zu garantieren, schaffen wir die notwendigen und unverzichtbaren Grundlagen für Toleranz und für entspanntes Miteinander von Deutschen und Ausländern in diesem Land."[22]

Politiker der Union nutzten dieses Argument, um FDP und SPD unter Druck zu setzen, den Weg für eine Grundgesetzänderung frei zu machen. So appellierte der baden-württembergische Ministerpräsi-

---

[20] Stenografischer Bericht über die Sitzung des Deutschen Bundestags am 30. 4. 1992, S. 7310 f.
[21] Vgl. Iris Meißner, Der Argumentationsraum zwischen Asylrecht und Ausländerfeindlichkeit im Asyldiskurs August bis Oktober 1991, in: Karin Böke/Matthias Jung/Martin Wengeler (Hrsg.), Die Sprache des Migrationsdiskurses. Das Reden über „Ausländer" in Medien, Politik und Alltag, Opladen 1997, S. 261–273.
[22] Stenografischer Bericht über die Sitzung des Deutschen Bundestags am 26. 5. 1993, S. 13504 und 13506.

dent Erwin Teufel am 20. Februar 1992 in seiner Bundestagsrede, „jetzt zu handeln, bevor rechtsextreme Gruppierungen in die Parlamente kommen, weil sie Zulauf von Protestwählern bekommen"[23]. Zwar betonte die FDP bis zum Schluss das individuelle Grundrecht auf Asyl, doch gab sie – auch aus koalitionspolitischen Gründen – im Juni 1992 ihren Widerstand gegen eine Asylrechtsänderung auf.[24] Auch die SPD hielt lange Zeit ihre ablehnende Haltung aufrecht und attackierte die CDU mit scharfen Worten wie beispielsweise Herta Däubler-Gmelin gegenüber Volker Rühe vor dem Bundestag:

„Sie haben diesen bösen Satz geprägt – für alle nachlesbar: Wenn die SPD ihren Vorstellungen – Sie meinten zur Grundgesetzänderung – nicht folge, sei jeder Asylant ein SPD-Asylant. [...] Es gibt Sätze, an denen erkennt man Schreibtischtäter."[25]

Die öffentliche Empörung über die steigende Anzahl an Asylbewerbern trug schließlich dazu bei, dass auch die SPD eine Kehrtwende vollzog. In der Petersberger Erklärung vom 23. August 1992 und spätestens mit ihrer hochkontroversen Klausurtagung im September 1992 machten die Sozialdemokraten den Weg für eine Verfassungsänderung frei. Deren Befürworter unter Führung des Parteivorsitzenden Björn Engholm und des Fraktionsvorsitzenden Hans-Ulrich Klose verwiesen darauf, dass die Bevölkerung überfordert und die Stabilität der Demokratie gefährdet sei, wenn der Zustrom von Asylbewerbern anhalte. Es gehe um die Wahrung des „Gemeinschaftsfriedens" – nicht mit den Rechtsradikalen, sondern mit den „einfachen Leuten"[26]. Damit übernahm die SPD sowohl Rhetorik als auch Argumentationsmuster der Unionsparteien. Gleichzeitig betonte sie wie die FDP, das Individualgrundrecht für politisch Verfolgte müsse erhalten und eine differenzierte Einwanderungsgesetzgebung für alle anderen Personengruppen geschaffen werden.[27]

---

[23] Stenografischer Bericht über die Sitzung des Deutschen Bundestags am 20.2.1992, S. 6486B.
[24] Vgl. Herbert, Ausländerpolitik, S. 316.
[25] Stenografischer Bericht über die Sitzung des Deutschen Bundestags am 18.10.1991, S. 4224C; vgl. auch Münch, Asylpolitik in Deutschland, S. 71.
[26] Der SPD-Vorstand zu einer Grundgesetzänderung beim Recht auf Asyl bereit, in: Frankfurter Allgemeine Zeitung, 14.9.1992, abgedruckt in: Eva Chrambach (Hrsg.), Asyl in Deutschland. Berichte und Kommentare der deutschen Presse zur Ausländer- und Asylrechtspolitik, München 1992, S. 182 f.
[27] Vgl. Herbert, Ausländerpolitik, S. 316, und Herbert/Hunn, Beschäftigung, S. 957.

c) Europa als Zukunftsvision

Schließlich bildete die Frage nach der Verortung der Bundesrepublik im internationalen Staatengefüge nach dem Ende des Kalten Kriegs ein weiteres Diskursfeld. Denn mit der deutschen Einheit hatte auch der europäische Integrationsprozess einen neuen Schub erhalten, der nicht ohne Auswirkungen auf die Migrations- und Asylpolitik blieb. Bereits 1985 hatten die Bundesrepublik, Frankreich und die Benelux-Staaten das Schengener Abkommen unterzeichnet, das den schrittweisen Abbau der Personenkontrollen an den Binnengrenzen der Vertragsparteien vorsah. Ein Jahr später folgte die Verabschiedung der Einheitlichen Europäischen Akte, die die Vollendung des europäischen Binnenmarkts – also den freien Verkehr von Waren, Personen, Dienstleistungen und Kapital – bis 1992 zum Ziel hatte. Die Entwicklung eines freien Binnenmarkts mit offenen Grenzen innerhalb der Europäischen Gemeinschaft hatte zur Folge, dass auch die Migrations- und Asylpolitik der einzelnen Mitgliedstaaten harmonisiert werden musste. 1990 wurde deshalb das Schengener Durchführungsabkommen unterzeichnet, das eine gemeinsame Einwanderungskontrollpolitik, einheitliche Regelungen zum Umgang mit Flüchtlingen und Asylsuchenden sowie eine grenzüberschreitende polizeiliche Zusammenarbeit anvisierte.[28]

Eben diese Entwicklung auf europäischer Ebene war es, die in der bundesdeutschen Asyldebatte der frühen 1990er Jahre nun vor allem von den Regierungsparteien als Argument für die Notwendigkeit einer Grundgesetzänderung ins Spiel gebracht wurde. Darauf verwies beispielsweise Wolfgang Schäuble, als er davon sprach, dass für offene Grenzen in Europa eine gemeinsame Asyl- und Einwanderungspolitik zwingend notwendig sei. Dies aber mache eine Grundgesetzänderung notwendig, da die Bundesrepublik das liberalste Asylrecht Europas besitze und sich deshalb an der Mehrheit seiner Partner ausrichten müsse.[29]

Für Schäuble war die Anpassung des Asylrechts an die Norm der europäischen Partner eine grundlegende Voraussetzung dafür, dass

---

[28] Vgl. Kees Groenendijk, Europäische Migrationspolitik: Festung Europa oder das Aufrechterhalten imaginärer Grenzen?, in: Klaus Barwig u. a. (Hrsg.), Asyl nach der Änderung des Grundgesetzes. Entwicklungen in Deutschland und Europa, Baden-Baden 1994, S. 57–70.
[29] Vgl. Stenografischer Bericht über die Sitzung des Deutschen Bundestags am 26.5.1993, S. 13504 f.; vgl. auch Kartas, Internationale Normen, S. 82.

die Bundesrepublik auch weiterhin Motor des europäischen Integrationsprozesses und Mitglied der westlichen Wertegemeinschaft bleiben konnte. Angesichts der Sorgen, die das Ausland und nicht zuletzt die eigenen Verbündeten mit Blick auf die weltpolitische Rolle eines wiedervereinigten Deutschlands hegten, war dieser Aspekt in der Tat nicht von der Hand zu weisen. Dies bedeutete jedoch nicht, dass – wie Schäuble suggerierte – all diejenigen, die gegen eine Grundgesetzänderung votierten, automatisch der Realitätsferne und mangelnden europäischer Überzeugung bezichtigt werden konnten.

Auch in der FDP und bei den Grünen spielten diese Fragen eine Rolle. Dennoch betonten sie – ihrer parteipolitischen Programmatik folgend – mehr als CDU, CSU und SPD die Rechte des Individuums, in diesem Fall das individuelle Grundrecht auf Asyl. Dementsprechend waren Teile der Grünen und der FDP nicht bereit, das liberale bundesdeutsche Asylrecht mit Blick auf künftige europäische Harmonisierungsnotwendigkeiten gewissermaßen in vorauseilendem Gehorsam zu opfern. So argumentierte beispielsweise der Liberale Burkhard Hirsch vor dem Bundestag, welche Anpassungsmaßnahmen ergriffen werden müssten, könne erst dann entschieden werden, wenn die laufenden Verhandlungen mit den europäischen Partnern abgeschlossen seien. Ziel der Bundesregierung müsse es sein, in Europa einen möglichst hohen gemeinsamen humanitären Standard zu verankern.[30] Betont wurden dementsprechend die Bedeutung internationaler Abkommen wie der Genfer Flüchtlingskonvention und der Europäischen Menschenrechtskonvention, die durch eine Einschränkung des Asylrechts nicht unterlaufen werden dürften.[31]

Dieser Verweis auf die humanitären Verpflichtungen Deutschlands und der westlichen Gemeinschaft zeigt den unlösbaren Zielkonflikt zwischen universell gültigen Menschenrechtsnormen einerseits und dem begrenzten, auf dem Territorialstaatsprinzip basierenden Steuerungsanspruch des Nationalstaats andererseits. Die Zustimmung von SPD und FDP zur Grundgesetzänderung konnte letztlich auch durch den parteiübergreifenden Konsens erwirkt werden, dass das Asylrecht auch künftig die von Deutschland unterzeichneten internationalen

---

[30] Vgl. Stenografischer Bericht über die Sitzung des Deutschen Bundestags am 30.4.1992, S. 7335 f.
[31] Vgl. Kartas, Internationale Normen, S. 83 f.

Normen respektieren und nicht hinter die Verpflichtungen der Genfer Konvention zurückfallen werde.

3. Fazit

Alle drei Diskursstränge befassten sich auf ihre Weise mit der Frage, auf welcher Basis die bundesdeutsche Demokratie ruhte und welchen Weg das wiedervereinigte Deutschland im Rahmen Europas und der westlichen Welt zu gehen bereit war. So verband sich der Topos des Asyl-Missbrauchs mit einer mehr oder weniger latenten Ausländerfeindlichkeit, die Sorgen vor einer kulturellen Überfremdung und einem Steuerungsverlust des Staats schürte. Die hartnäckige Weigerung der Unionsparteien, Deutschland als Einwanderungsland zu bezeichnen und eine umfassende Einwanderungsgesetzgebung zu schaffen, verhinderte eine differenzierte Auseinandersetzung mit dem Thema Arbeitsmigration, Flucht, Asyl und Integration ebenso wie die Tabuisierung gesellschaftlicher Problemlagen durch die Grünen und Teile der Sozialdemokratie. Der vergangenheitspolitische Bezug auf das NS-Regime und die DDR wiederum zeigte das Bemühen, die rechtsstaatliche und humanitäre Basis bundesdeutscher Politik gerade auch im Angesicht des erstarkenden Rechtsradikalismus und Rassismus zu erhalten. Mit der europapolitischen Dimension wurde schließlich die Einbettung auch der Berliner Republik in die westliche Wertegemeinschaft mitverhandelt. Insofern zeigt der Asylkompromiss den ausgesprochen schmerzhaften Anpassungsprozess an die veränderten politischen Rahmenbedingungen am Ende des Kalten Kriegs. Die Debatte um die Einschränkung des Grundrechts auf Asyl polarisierte auch deshalb so stark, weil sie an die Grundfesten der Nachkriegsgeschichte sowie an die gesellschaftliche und politische Identität der Bundesrepublik Deutschland rührte.

Fabian Michl
Wohnortzuweisung an Spätaussiedler
Integrationsförderung durch Beschränkung der Freizügigkeit?

1. Einführung

Zwischen 1950 und 1989 wanderten etwa zwei Millionen Menschen deutscher Volkszugehörigkeit (Aussiedler) aus osteuropäischen Staaten und der Sowjetunion in die Bundesrepublik Deutschland ein. Zwischen 1990 und 2000 kamen weitere zwei Millionen Menschen hinzu, also ebenso viele wie in den 40 Jahren zuvor. Ab 1993 hießen sie offiziell Spätaussiedler und kamen überwiegend aus den Nachfolgestaaten der UdSSR. Insgesamt wanderten etwa 4,5 Millionen (Spät-)Aussiedler in die Bundesrepublik ein, 2011 lebten davon noch rund 3,2 Millionen – einschließlich der mit eingereisten Angehörigen – in Deutschland. Trotz vereinzelter Probleme ist die Integrationsbilanz dieser Gruppe von Zuwanderern positiv. Ihre Bildungs- und Berufsperspektiven sowie ihre Einkommenssituation liegen im gesellschaftlichen Durchschnitt.[1] Dieser Erfolg war zu den Hochzeiten der Zuwanderung in den 1990er Jahren keineswegs absehbar. Die mit dem Zusammenbruch der Sowjetunion drastisch angestiegenen Zuwandererzahlen stellten Politik und Gesellschaft vielmehr vor immense Herausforderungen. Ein zentrales Problem waren die ungleichen Siedlungsschwerpunkte der Zuwanderer im Bundesgebiet. Sie wurden zwar nach der Erstaufnahme in Einrichtungen des Bundes anteilig auf die Länder verteilt, zogen dort aber zumeist in Ballungsgebiete und in solche Orte, in denen sich bereits andere Aussiedler niedergelassen hatten (Kettenmigration).[2] So bildeten sich regelrechte „Zuwanderungszentren" heraus.[3] Da ein Großteil

---

[1] Susanne Worbs u. a., (Spät-)Aussiedler in Deutschland. Eine Analyse aktueller Daten und Forschungsergebnisse. Forschungsbericht 20 des Bundesamts für Migration und Flüchtlinge, Berlin 2013, S. 28–36 (Daten) und 7–11 (Integrationsbilanz).
[2] Vgl. Ulrich Mammey/Frank Swiaczny, Aussiedler, in: Paul Gans/Franz-Josef Kemper (Hrsg.), Nationalatlas Bundesrepublik Deutschland, Bd. 4: Bevölkerung, Leipzig 2001, S. 132–135, hier S. 133.
[3] Vgl. Sonja Haug/Lenore Sauer, Zuwanderung und Integration von (Spät-)Aussiedlern. Ermittlung und Bewertung der Auswirkungen des Wohnortzuweisungsgesetzes, Nürnberg 2007, S. 11 f. sowie die Karte auf S. 28.

der Spätaussiedler zunächst auf Sozialhilfeleistungen angewiesen war, sahen sich die von ihnen bevorzugten Kommunen als örtliche Träger der Sozialhilfe enormen finanziellen Belastungen ausgesetzt.[4]

Die Politik versuchte dieser Entwicklung mit dem sogenannten Wohnortzuweisungsgesetz entgegenzuwirken, auf dessen Grundlage Spätaussiedlern ein vorläufiger Wohnort zugewiesen werden konnte. Die damit verbundene Freizügigkeitsbeschränkung wurde in Kauf genommen, um die Sozialhilfe- und Integrationslasten gleichmäßig über das Bundesgebiet zu verteilen. Das Bundesverfassungsgericht segnete Gesetz und Zuweisungspraxis verfassungsrechtlich ab. Rückblickend ist die Wohnortzuweisung an Spätaussiedler als Instrument der „Integration durch Recht" allerdings kritisch zu sehen.

2. Das Wohnortzuweisungsgesetz

Spätaussiedler und ihre Ehegatten und Abkömmlinge sind nach dem Bundesvertriebenengesetz Deutsche im Sinne des Grundgesetzes. Sie wurden (und werden) im Rahmen eines im Bundesverwaltungsamt organisierten Verfahrens in Deutschland aufgenommen und anschließend einzelnen Ländern zugewiesen. Das Bundesvertriebenengesetz ermächtigt die Behörden allerdings nicht zur Zuweisung eines bestimmten Wohnorts, sondern lässt es bei der proportionalen Verteilung auf die Länder bewenden.[5] Bereits 1989 erkannte die Bundesregierung den Bedarf, die Ansiedlung von Aussiedlern über die Verteilung auf die Länder hinaus zu steuern. Mit dem „Gesetz über die Festlegung eines vorläufigen Wohnsitzes für Aussiedler und Übersiedler", kurz: Wohnortzuweisungsgesetz (WoZuG), sollten die Länder „die Möglichkeit erhalten, im Interesse der Schaffung einer ausreichenden Lebensgrundlage neu aufzunehmende Aussiedler und Übersiedler noch nicht ausgelasteten Kreisen, Städten und Gemeinden vorläufig zuzuweisen und dadurch zugleich einer Überbelastung von einzelnen Gemeinden entgegenzuwirken".[6]

---

[4] Vgl. § 96 Abs. 1 Satz 1 Bundessozialhilfegesetz in der Fassung der Bekanntmachung vom 23.3.1994 (BGBl. 1994 I, S. 2975), sowie Haug/Sauer, Zuwanderung, S. 11.
[5] Bis 2005 galt ein prozentualer Verteilungsschlüssel, heute der sogenannte Königsteiner Schlüssel.
[6] Vgl. Bundestags-Drucksache 11/4689: Entwurf der Bundesregierung eines Gesetzes über die Festlegung eines vorläufigen Wohnsitzes für Aussiedler und Übersiedler vom 5.6.1989, S. 1.

Nach § 2 Abs. 1 des Wohnortzuweisungsgesetzes von 1989 konnte Aussiedlern nach der Aufnahme ein vorläufiger Wohnsitz zugewiesen werden, wenn sie nicht über ausreichenden Wohnraum verfügten und daher bei der Unterbringung auf öffentliche Hilfe angewiesen waren. Bei der Zuweisungsentscheidung sollten Wünsche, enge verwandtschaftliche Beziehungen und die Möglichkeit der beruflichen Eingliederung berücksichtigt werden (§ 2 Abs. 2 WoZuG 1989). Andere Gemeinden als die Zuweisungsgemeinde waren nicht verpflichtet, den Aufgenommenen als Aussiedler zu betreuen (§ 2 Abs. 3 WoZuG 1989). Die Zuweisung wurde gegenstandslos, sobald der Aufgenommene den Nachweis erbrachte, dass ihm an einem anderen Ort dauerhaft ausreichender Wohnraum oder ein Arbeits-, Ausbildungs- oder Studienplatz zur Verfügung stand, spätestens aber nach zwei Jahren (§ 2 Abs. 4 WoZuG 1989).

Nach dem massiven Anstieg der Zuwandererzahlen seit 1990 zeigte sich, dass weder die Verteilung auf die Länder noch die bisherige Zuweisungspraxis die Bildung von Zuwanderungsschwerpunkten verhindern konnten. Von Kettenmigration besonders betroffen waren kleinere und mittlere Kommunen in Niedersachsen, die in der sogenannten Gifhorner Erklärung vom März 1995 auf ihre Überforderung aufmerksam machten:

„Der seit 1987/1988 verstärkte Aussiedler-/Spätaussiedlerzug in die Bundesrepublik Deutschland hat von Beginn an zu Wanderungszentren und -brennpunkten geführt. Durch den fortlaufenden Nachzug in diese Zentren hat sich der Problemdruck der ungleichen Verteilung ständig erhöht. Die von den Disparitäten besonders betroffenen Kommunen können die Aufgabe der Integration nicht mehr in dem erforderlichen Umfang leisten. Ihre finanziellen, sächlichen und personellen Ressourcen reichen dafür nicht mehr aus, nachdem Integrationshilfen des Bundes und der Länder in den letzten Jahren rigide zurückgenommen worden sind [...]. Die Verkürzung der Integrationshilfen der Arbeitsverwaltung hat zu explosionsartig gestiegenen Sozialhilfekosten für Spätaussiedler in den Hauptzuzugsgebieten geführt [...]. Die Hauptzuzugsgebiete im Land Niedersachsen sind nur dann noch in der Lage, die Aufgabe der Integration von Zuwanderergruppen zu übernehmen, wenn Zuwanderung als eine gesamtstaatliche Aufgabe akzeptiert wird, die als Kriegsfolgelast klare und berechenbare Rahmenbedingungen auch hinsichtlich einer gerechten solidarischen Lastenverteilung zwischen Bund, Ländern und Gemeinden setzt."[7]

---

[7] Zit. nach Niedersächsische Landeszentrale für Politische Bildung (Hrsg.), Hier geblieben. Zuwanderung und Integration in Niedersachsen 1945 bis heute, Hannover 2002, S. 49.

Die Bundesregierung reagierte zunächst mit dem Vorschlag, das Wohnungszuweisungsgesetz lediglich um eine Erstattungsregelung für die Sozialhilfekosten zu ergänzen[8], konnte sich damit im Bundesrat aber nicht durchsetzen. Die Länder wollten keinen verwaltungsaufwendigen Kostenausgleich, sondern eine gleichmäßige Verteilung der Spätaussiedler, zumal vielerorts bereits Aufnahmekapazitäten geschaffen worden waren. Manche Länder sahen im Zuzug der Spätaussiedler sogar eine „hilfreiche Maßnahme", um „der Tendenz der Bevölkerungsabnahme entgegenzuwirken"[9]. Sie wollten also die Zugezogenen bei sich behalten. Im Laufe des Gesetzgebungsverfahrens einigte man sich schließlich darauf, statt die Kosten auszugleichen, die zuweisungswidrige Wohnsitznahme zu sanktionieren, um die Spätaussiedler am Zuweisungsort zu halten.[10] So wurde trotz verfassungsrechtlicher Bedenken der Bundesregierung[11] ein neuer § 3a in das Wohnortzuweisungsgesetz eingefügt, nach dem Spätaussiedler, die sich an einem anderen Ort als dem Zuweisungsort niederließen, keine Leistungen nach dem Arbeitsförderungsgesetz mehr erhalten sollten. Außerdem wurde ihr Sozialhilfeanspruch auf „die nach den Umständen unabweisbar gebotene Hilfe" gekürzt. Die Sanktionen sollten spätestens zwei Jahre nach der Aufnahme in Deutschland enden.

3. Verfassungsrechtliche Würdigung

Die Wohnortzuweisung verknüpft mit einer Sozialhilfesanktion erwies sich mit Blick auf das Grundrecht auf Freizügigkeit nach Art. 11 des Grundgesetzes als verfassungsrechtlich problematisch. Dieses Grundrecht garantiert allen Deutschen, also auch Spätaussiedlern, Freizügigkeit im ganzen Bundesgebiet. Freizügigkeit ist „das Recht, unbehindert durch die deutsche Staatsgewalt an jedem Ort innerhalb des Bundes-

---

[8] Vgl. Bundesrats-Drucksache 527/95: Gesetzentwurf der Bundesregierung vom 1.9.1995 – Entwurf eines Zweiten Gesetzes zur Änderung des Gesetzes über die Festlegung eines vorläufigen Wohnorts für Spätaussiedler.
[9] Vgl. Bundesrats-Drucksache 527/1/95: Empfehlungen der Ausschüsse des Bundesrats vom 4.10.1995, S. 1 f. und 9.
[10] Vgl. Bundestags-Drucksache 13/3637: Beschlussempfehlung und Bericht des Innenausschusses vom 31.1.1996, S. 7 f.
[11] Vgl. Bundestags-Drucksache 13/3102: Gesetzentwurf der Bundesregierung vom 24.11.1995 – Entwurf der Bundesregierung eines Zweiten Gesetzes zur Änderung des Gesetzes über die Festlegung eines vorläufigen Wohnorts für Spätaussiedler, S. 7.

gebiets Aufenthalt und Wohnsitz zu nehmen"[12]. Einschränkungen sind nur unter den Voraussetzungen von Art. 11 Abs. 2 des Grundgesetzes möglich, der unter anderem Fälle erfasst, „in denen eine ausreichende Lebensgrundlage nicht vorhanden ist und der Allgemeinheit daraus besondere Lasten entstehen würden". Mit diesem sogenannten Sozialvorbehalt rückte der Verfassungsgeber deutlich vom Freizügigkeitsgesetz aus dem Jahr 1867 ab, das die Wohnsitzwahl noch allgemein davon abhängig gemacht hatte, dass der Einzelne am Zuzugsort „eine eigene Wohnung oder ein Unterkommen sich zu verschaffen im Stande" war. Der Parlamentarische Rat war darum bemüht, die „Ermächtigungen an den Gesetzgeber so eng zu halten, wie es irgend möglich ist"[13]. Das Fehlen einer ausreichenden Lebensgrundlage alleine genügt demnach nicht. Vielmehr müssen der Allgemeinheit daraus besondere Lasten entstehen, das heißt, es muss eine Kausalbeziehung zwischen der Bedürftigkeit des Einzelnen und der Belastung der Allgemeinheit feststellbar sein. Außerdem genügt nicht irgendeine Last; es muss sich um eine besondere Last für die Allgemeinheit handeln. Wie Günter Dürig es formulierte, hat „die Sozialentscheidung des Grundgesetzes der Aufnahmegemeinschaft den Einwand der besonderen Belastung aus der Hand geschlagen und damit den ganzen Gesetzesvorbehalt ziemlich obsolet gemacht"[14].

Diese Weichenstellung des Verfassungsgebers hielt das Bundesverfassungsgericht freilich nicht davon ab, dem 1996 verschärften Wohnortzuweisungsgesetz mit Urteil vom 17. März 2004 sein Placet zu geben. Die Sachverständigenanhörung des Gerichts ergab ein uneinheitliches Bild.[15] So wurde einerseits der Wert der gleichmäßigen Verteilung für den sozialen Frieden in den Kommunen betont; zudem habe sich die

---

[12] Entscheidungen des Bundesverfassungsgerichts, hrsg. von den Mitgliedern des Bundesverfassungsgerichts, Bd. 2, Tübingen 1953, Nr. 20: Beschluss des Ersten Senats vom 7.5.1953 – 1 BvL 104/52, S. 266–286, hier S. 266.
[13] So Hermann von Mangoldt (CDU) in der 36. Sitzung des Ausschusses für Grundsatzfragen am 27.1.1949; Der Parlamentarische Rat 1948–1949. Akten und Protokolle, Bd. 5/2: Ausschuss für Grundsatzfragen, Boppard 1993, S. 1040.
[14] Zit. nach Wolfgang Durner, Art. 11, in: Roman Herzog u. a. (Hrsg.), Grundgesetz. Kommentar, begründet von Theodor Maunz und Günter Dürig, Bd. 2: Art. 6–15, München 2012, Rn. 133.
[15] Vgl. hierzu und zum Folgenden Entscheidungen des Bundesverfassungsgerichts, hrsg. von den Mitgliedern des Bundesverfassungsgerichts, Bd. 110, Tübingen 2005, Nr. 6: Urteil des Ersten Senats vom 17.3.2004 – 1 BvR 1266/00, S. 177–199, hier S. 185–188 und 192.

Planungssicherheit für die Kommunen erhöht. Andererseits wurden die sozialen Nachteile hervorgehoben, die die Zuweisung mit sich bringe. Ältere Spätaussiedler fühlten sich gar an die Vertreibungen erinnert, die sie in der Sowjetunion erlitten hätten. Positive Auswirkungen auf Arbeitsmarktintegration und Spracherwerb seien nicht feststellbar gewesen. Auch die Einschätzungen der Länder gingen auseinander: Während die westdeutschen Länder die gerechte Verteilung der Soziallasten lobten, beklagten die ostdeutschen, dass die Spätaussiedler nur den Ablauf der Zuweisungsfrist abwarteten, um dann in den Westen zu ziehen.

Das Bundesverfassungsgericht sah den mit der Wohnortzuweisung verbundenen Eingriff in das Freizügigkeitsrecht als gerechtfertigt an. Es hatte keine Mühe, den Fall unter den Sozialvorbehalt des Freizügigkeitsgrundrechts zu subsumieren. Das Fehlen einer ausreichenden Lebensgrundlage, wie es der Vorbehalt verlange, sei Grundvoraussetzung der Wohnortzuweisung nach § 3a des Wohnortzuweisungsgesetzes.[16] Bund, Länder und Gemeinden hätten außerdem „erhebliche Lasten" zu tragen, zu denen die Bereitstellung von Wohnraum sowie infrastrukturelle Folgelasten wie die Errichtung und Erweiterung von Kinderbetreuungseinrichtungen, Schulen oder Sportstätten gehörten. Hinzu kämen Integrationsmaßnahmen wie Sprachkurse oder Eingliederungshilfen sowie die Vorsorge dafür, dass die eingesessene Bevölkerung die Zuwanderer aufnehme und in die örtliche Gemeinschaft einbeziehe. Diese Lasten seien durch den Zuzug von insgesamt drei Millionen Spätaussiedlern entstanden, die bei ihrer Ankunft in aller Regel sozialhilfebedürftig gewesen seien und nach wie vor einen hohen Integrationsbedarf zeigten.

Auch einer Verhältnismäßigkeitsprüfung hielt das Wohnortzuweisungsgesetz stand, wobei das Bundesverfassungsgericht dem Gesetzgeber mit Blick auf Geeignetheit und Erforderlichkeit der Regelung weite Einschätzungsspielräume zusprach. Insgesamt erweise sich die zeitlich begrenzte Wohnortzuweisung, die noch dazu Rücksicht auf die Wünsche der Spätaussiedler nehme, als angemessen. In einem *obiter dictum* merkten die Verfassungsrichter jedoch an, dass der Gesetzgeber Vorkehrungen für Fälle treffen müsse, in denen sich die Zuweisung nachträglich als unbillige Härte für einen Spätaussiedler erweise, beispielsweise, weil er mit Familienangehörigen an einem anderen Ort

---

[16] Vgl. hierzu und zum Folgenden ebd., S. 192–197.

zusammenleben möchte oder andernorts eine Teilzeiterwerbstätigkeit aufgenommen habe.

Das Urteil des Bundesverfassungsgerichts, das im juristischen Schrifttum kaum Widerspruch erfahren hat[17], erweist sich bei kritischer Analyse als judikativer Missgriff. Es ist bezeichnend, dass sich das Gericht in seiner Urteilsbegründung nicht mit einer Silbe mit der Entstehungsgeschichte von Art. 11 des Grundgesetzes, der bewusst „engen" Formulierung des Sozialvorbehalts und der Abgrenzung zum Freizügigkeitsgesetz von 1867 auseinandergesetzt hat.[18] Im Gegenteil: Das Gericht führte nicht nur die Regelungsintentionen des Verfassungsgebers, sondern auch den Wortlaut der Bestimmung ad absurdum, indem es die einzelnen Tatbestandsmerkmale des Sozialvorbehalts gleichsam voneinander entkoppelte, reformulierte und sodann mit neuem Sinn wieder zusammenfügte.

Nachdem das Gericht den Sozialhilfebedarf der Spätaussiedler festgestellt hatte, löste es das Merkmal der „besonderen Lasten für die Allgemeinheit" aus dem Gesamtkontext des Sozialvorbehalts in Art. 11 Abs. 2 heraus und interpretierte es als „erhebliche Lasten" für Bund, Länder und Gemeinden neu. Einmal vom Kontext isoliert, fiel es nicht schwer, alle auch nur denkbaren Belastungen, die der öffentlichen Hand aus dem Zuzug von Millionen Spätaussiedlern entstanden, darunter zu fassen. Neben der Bereitstellung von Wohnraum fügen sich Kindergärten, Schulen, Kultur, Sportstätten und sonstige Infrastruktureinrichtungen ebenso gut in das Gesamtbild ein wie Sprachkurse, Eingliederungshilfen und sogar Maßnahmen zur Steigerung der Aufnahmebereitschaft der eingesessenen Deutschen. Es ist unbestritten, dass sich alle genannten Aspekte zu „erheblichen Lasten" der Allgemeinheit kumulierten. Der Fehler (oder war es doch ein sprachlicher Trick?) liegt jedoch in der Entkontextualisierung. Denn der Sozialvorbehalt begnügt sich nicht mit irgendwelchen „Lasten". Vielmehr müssen diese aus der Sozialhilfebedürftigkeit der betroffenen Personen resultieren. Das Fehlen einer ausreichenden Lebensgrundlage muss Ursache der besonderen Lasten sein. Von der großzügigen Liste

---

[17] Scharfe Kritik aber bei Michael Silagi, Art 11 GG und § 3a WoZuG – zur Festschreibung der Einschränkung der Freizügigkeit im Wohnortzuweisungsgesetz durch das Bundesverfassungsgericht, in: ZAR 24 (2004), S. 225–231.
[18] Ganz anders noch der Beschluss des Ersten Senats vom 7.5.1933 (wie Fußnote 12), S. 272 ff.; das Verfassungsgericht zitierte zum Begriff des Deutschen im Sinne von Art. 11 GG ausführlich aus den Beratungen des Parlamentarischen Rats.

des Bundesverfassungsgerichts ist damit einiges zu streichen: Kindergärten, Schulen, Kultureinrichtungen und Sportstätten braucht jeder, nicht nur ein Sozialhilfeempfänger.[19] Das gilt erst recht für „Anlagen der Versorgung und Entsorgung", also für Wasserversorgung, Kanalisation und Müllabfuhr! Auch die Sprachkurse und Eingliederungshilfen sind nicht auf Bedürftigkeit zurückzuführen, sondern darauf, dass die Spätaussiedler – wie das Gericht selbst notierte – „wegen der Verfolgung in ihren Herkunftsländern oftmals viele Jahre keine Gelegenheit [hatten], die deutsche Sprache zu pflegen" und „regelmäßig aus einem anderen Kulturkreis und Gesellschaftssystem" stammten.[20] Noch fernliegender erscheint die Einbeziehung von Aufwendungen, um die Aufnahmebereitschaft der eingesessenen Bevölkerung zu stärken. Was an „sozialhilferelevanten" Aufwendungen bleibt, ist die Schaffung von Wohnraum. Der Mangel an erschwinglichen Wohnungen hätte allerdings nicht ausgereicht, um die Freizügigkeitsbeschränkung zu legitimieren. Immerhin geht das Grundgesetz selbst davon aus[21], dass wegen Wohnungsnot alleine die Freizügigkeit nicht beschränkt werden kann (Art. 117 Abs. 2 GG).[22]

Die Reformulierung der „besonderen Last" für die Allgemeinheit als „erhebliche Last" für Bund, Länder und Kommunen mag zwar auf den ersten Blick semantisch unbedeutend sein, hat es aber bei näherem Hinsehen in sich. Sie ist so in den Urteilstext eingeschoben, als habe man sich Mühe gegeben, sie vor dem kritischen Leser zu verbergen. Auch hier wurde eine entscheidende Weichenstellung des Verfassungsgebers überspielt. Dass aus der Sozialhilfebedürftigkeit der Allgemeinheit besondere Lasten erwachsen müssen, ist nicht gleichzusetzen mit erheblichen Belastungen einzelner Hoheitsträger, also von Bund, Ländern und Gemeinden. Besonders ist eine solche

---

[19] In diese Richtung argumentierte auch Philip Kunig, Art. 11, in: Ingo von Münch/Philip Kunig (Hrsg.), Grundgesetz. Kommentar, Bd. 1: Präambel, Art. 1 bis Art. 69, München ⁶2012, Rn. 22.
[20] Entscheidungen des Bundesverfassungsgerichts, Bd. 110, S. 193.
[21] Art. 117 Abs. 2 GG lautet: „Gesetze, die das Recht der Freizügigkeit mit Rücksicht auf die gegenwärtige Raumnot einschränken, bleiben bis zu ihrer Aufhebung durch Bundesgesetz in Kraft." Die Vorschrift bildet einen speziellen Einschränkungsvorbehalt zu Art. 11 Abs. 1 GG, mit der der Wohnungsnot nach dem Krieg entgegengewirkt werden sollte, indem vorkonstitutionelle Wohnraumbewirtschaftungsgesetze aufrechterhalten wurden, die unter Art. 11 Abs. 2 GG nicht zu rechtfertigen gewesen wären.
[22] Vgl. Kunig, Art. 11, in: von Münch/Kunig (Hrsg.), Grundgesetz, Rn. 22.

Last nur, wenn sie über das hinausgeht, für was die öffentliche Hand im Sinne einer sozialstaatlich gebundenen Leistungseinheit ohnehin aufkommen muss.[23] Summiert mochten die Aufwendungen für Spätaussiedler zwar erheblich sein, doch sie waren nicht „besonders". Zum Problem wurden sie erst dadurch, dass sie in einzelnen Schwerpunktkommunen als örtlichen Sozialhilfeträgern geballt angefallen sind. Das macht die Last im Sozialstaat aber nicht zu einer besonderen Last der Allgemeinheit, sondern allenfalls zu einer erheblichen Last für bestimmte Städte. Solche mehr oder minder zufällig örtlich konzentrierten Lasten können durch ein Kostenerstattungssystem, wie es die Bundesregierung ursprünglich vorgeschlagen hatte, ausgeglichen, nicht aber durch Freizügigkeitsbeschränkungen verhindert werden.

Das Bundesverfassungsgericht hat aus dem engen Sozialvorbehalt des Art. 11 einen weiten Integrationsvorbehalt gemacht. Das Ergebnis ist dabei nicht minder paradox als die Begründung: Obwohl das Freizügigkeitsrecht ein sogenanntes Deutschen-Grundrecht ist, also nur Deutschen im Sinne des Grundgesetzes zusteht, kann es eingeschränkt werden, um die Kosten, die für die Integration von Deutschen (nämlich Spätaussiedlern) in Deutschland anfallen, gerecht zu verteilen. Dass der Sozialvorbehalt des Art. 11 vom Verfassungsgeber mit Blick auf die Integration von Deutschen in ihrem „eigenen Land" konzipiert wurde, um diese durch Freiheitsbeschränkung „zwangsintegrieren" zu können, wird wohl niemand ernsthaft behaupten. Um etwas versöhnlich mit dem Bundesverfassungsgericht zu schließen, sei angemerkt, dass der massive Zuzug von Spätaussiedlern ein einmaliges Phänomen bleiben dürfte und sich die „Aufweichung" des freizügigkeitsrechtlichen Sozialvorbehalts, wenn schon nicht juristisch, dann doch angesichts dieser zeitgeschichtlichen Singularität rechtspolitisch nachvollziehen lässt.

4. Fazit

Das juristische Fazit ist dennoch verheerend: Der Gesetzgeber hat mit dem sozialhilfesanktionsbewehrten Wohnortzuweisungsgesetz verfassungswidrige Freizügigkeitsbeschränkungen ermöglicht, um die all-

---

[23] In diese Richtung zielte schon Günter Dürig, zit. bei Durner, Art. 11, in: Herzog (Hrsg.), Grundgesetz, Rn. 133; vgl auch Albrecht Randelzhofer, Art. 11, in: Wolfgang Kahl/Christian Waldhoff/Christian Walter (Hrsg.), Bonner Kommentar zum Grundgesetz, Loseblatt, (Oktober) 1981, Rn. 151.

gemeinen Lasten des Spätaussiedlerzuzugs „gerecht" zu verteilen. Das Bundesverfassungsgericht hat gute Miene zum bösen Spiel gemacht und den Verstoß gegen Art. 11 des Grundgesetzes durch eine „Uminterpretation" der Verfassung nachträglich „legalisiert". Ob die mit der Wohnortzuweisung gleichsam nebenher verfolgten Integrationsziele überhaupt gefördert wurden, bleibt auch nach einer Evaluation des Gesetzes im Auftrag des Bundesamts für Migration und Flüchtlinge offen. Zahlreiche Spätaussiedler wussten demnach nicht einmal, ob sie überhaupt von der Wohnortzuweisung betroffen waren. Für die Integration auf dem Arbeitsmarkt war nicht die Zuweisung entscheidend, sondern die Beschäftigungsmöglichkeit am Zuweisungsort. Manche nehmen sogar an, die Bildung von „ethnischen Netzwerken", die mit der Wohnortzuweisung verhindert werden sollte, habe den Spätaussiedlern die Eingliederung in die deutsche Gesellschaft erleichtert. Nach der Einschätzung von Experten auf kommunaler Ebene hing der Integrationserfolg nicht von der Zuweisung, sondern vom Engagement vor Ort ab, das sehr unterschiedlich ausgeprägt war.[24] Alles in allem erweist sich die Wohnortzuweisung an Spätansiedler als verfassungswidriges Instrument, auf dessen Einsatz als Maßnahme der „Integration durch Recht" man besser verzichtet hätte.

---

[24] Vgl. zum Ganzen Haug/Sauer, Zuwanderung, S. 157–164.

Abkürzungen

a. M.	am Main
a. Z.	auf Zeit
Abs.	Absatz
APuZ	Aus Politik und Zeitgeschichte
Art.	Artikel
AsylG	Asylbewerberleistungsgesetz
AufenthG	Aufenthaltsgesetz
AVR	Archiv des Völkerrechts
BArBl.	Bundesarbeitsblatt
BArch	Bundesarchiv
BayGVBl.	Bayerisches Gesetz- und Verordnungsblatt
Bd.	Band
BGB	Bürgerliches Gesetzbuch
BGBl.	Bundesgesetzblatt
BMA	Bundesministerium für Arbeit und Sozialordnung
BMZ	Bundesministerium für wirtschaftliche Zusammenarbeit und Entwicklung
BVerwG	Bundesverwaltungsgericht
BVFG	Gesetz über die Angelegenheiten der Vertriebenen und Flüchtlinge
CDU	Christlich-Demokratische Union
CSU	Christlich-Soziale Union
DDR	Deutsche Demokratische Republik
ders.	derselbe
dies.	dieselbe/dieselben
Diss.	Dissertation
DM	Deutsche Mark
DÖV	Die öffentliche Verwaltung
ebd.	ebenda
ECA	Economic Cooperation Act
EG	Europäische Gemeinschaft
EGMR	Europäischer Gerichtshof für Menschenrechte
EMRK	Europäische Menschenrechtskonvention
EU	Europäische Union
f./ff.	folgende/fortfolgende
FDP	Freie Demokratische Partei
GBl.	Gesetzblatt der Deutschen Demokratischen Republik
GFK	Genfer Flüchtlingskonvention
GG	Grundgesetz
GuG	Geschichte und Gesellschaft
GVBl.	Gesetz- und Verordnungsblatt für den Freistaat Bayern
H. Res.	House of Representatives
Hrsg.	Herausgeber/Herausgeberin
ICISS	International Commission on Intervention and State Sovereignty

IT	Interviewtranskript
JCH	Journal of Contemporary History
KSZE	Konferenz über Sicherheit und Zusammenarbeit in Europa
KZ	Konzentrationslager
LAG	Lastenausgleichsgesetz
MA	Massachusetts
N. F.	Neue Folge
NATO	North Atlantic Treaty Organization
NDV	Nachrichtendienst des Deutschen Vereins für öffentliche und private Fürsorge
NJW	Neue Juristische Wochenschrift
NS	Nationalsozialismus, nationalsozialistisch
NSDAP	Nationalsozialistische Deutsche Arbeiterpartei
NVwZ	Neue Zeitschrift für Verwaltungsrecht
o. O.	ohne Ort
o. D.	ohne Datum
para.	paragraph
PDS	Partei des Demokratischen Sozialismus
RGBl.	Reichsgesetzblatt
RJWG	Reichsjugendwohlfahrtsgesetz
RM	Reichsmark
Rn.	Randnummer
SBZ	Sowjetische Besatzungszone
SED	Sozialistische Einheitspartei Deutschlands
SHG	Soforthilfegesetz
SPD	Sozialdemokratische Partei Deutschlands
StA	Staatsarchiv
StAG	Staatsangehörigkeitsgesetz
TANG	Türkischen Arbeitnehmergesellschaften
u. a.	und andere
UdSSR	Union der Sozialistischen Sowjetrepubliken
UG	Umstellungsgesetz
UJ	Unsere Jugend
UN	United Nations
UNHCR	United Nations High Commissioner for Refugees
VerwRspr	Verwaltungsrechtsprechung in Deutschland
VfZ	Vierteljahrshefte für Zeitgeschichte
vgl.	vergleiche
VO	Verordnung
WAG	Währungsausgleichsgesetz
WiGBl.	Gesetzblatt der Verwaltung des Vereinigten Wirtschaftsgebiets
WohraumBewG	Wohnraumbewirtschaftungsgesetz
WoZuG	Gesetz über die Festlegung eines vorläufigen Wohnsitzes für Aussiedler und Übersiedler
WSI	Wirtschafts- und Sozialwissenschaftliches Institut
z. B.	zum Beispiel

ZAR	Zeitschrift für Ausländerrecht und Ausländerpolitik
ZBlJR	Zentralblatt für Jugendrecht und Jugendwohlfahrt
ZRP	Zeitschrift für Rechtspolitik

Autorinnen und Autoren

Dr. Agnes Bresselau von Bressensdorf (1984), wissenschaftliche Geschäftsführerin des Berliner Kollegs Kalter Krieg am Institut für Zeitgeschichte München – Berlin.

Dr. Ger Duijzings (1961), Professor für Sozialanthropologie mit Schwerpunkt Südost- und Osteuropa an der Universität Regensburg.

Dr. Raphaela Etzold (1987), Staatsanwältin in Amberg, bis September 2017 wissenschaftliche Mitarbeiterin am Lehrstuhl von Prof. Dr. Martin Löhnig an der Universität Regensburg.

Dr. Susanne Greiter (1966), freie Historikerin in Eitensheim bei Ingolstadt, verantwortlich für das Projekt „Zusammenhalt fördern – Integration stärken", Bürgerhaus Ingolstadt.

Dr. Helge Heidemeyer (1963), Leiter der Abteilung Bildung und Forschung beim Bundesbeauftragten für die Unterlagen des Staatssicherheitsdienstes der ehemaligen Deutschen Demokratischen Republik.

Dr. Christian Helmrich (1984), Akademischer Rat a. Z. am Lehrstuhl für öffentliches Recht und Politik an der Universität Regensburg.

Dr. Martin Löhnig (1971), Professor für bürgerliches Recht, deutsche und europäische Rechtsgeschichte an der Universität Regensburg.

Dr. Gerrit Manssen (1959), Professor für öffentliches Recht, insbesondere deutsches und europäisches Verwaltungsrecht an der Universität Regensburg.

Dr. Fabian Michl (1988), Akademischer Rat a. Z. am Lehrstuhl für öffentliches Recht und Verfassungstheorie an der Universität Münster.

Simon Naczinsky (1989), wissenschaftlicher Mitarbeiter am Lehrstuhl für bürgerliches Recht, deutsche und europäische Rechtsgeschichte an der Universität Regensburg.

Dr. Thomas Schlemmer (1967), wissenschaftlicher Mitarbeiter am Institut für Zeitgeschichte München – Berlin, stellvertretender Chefredakteur der Vierteljahrshefte für Zeitgeschichte und Privatdozent am Historischen Seminar der Ludwig-Maximilians-Universität München.

Dr. Robert Uerpmann-Wittzack (1966), Professor für öffentliches Recht und Völkerrecht an der Universität Regensburg.

Sakine Yildiz (1986), 2017 Promotion an der Universität Osnabrück, Historikerin und Lehrerin in Berlin.

www.ingramcontent.com/pod-product-compliance
Lightning Source LLC
Chambersburg PA
CBHW030221170426
43194CB00007BA/821